Helen Garner
Die Saison

HELEN GARNER

Die Saison

Ein halbes Jahr mit meinem Enkel

Aus dem Englischen von
Helmut Krausser und Beatrice Renacher

BERLIN VERLAG

Mehr über unsere Autorinnen, Autoren und Bücher:
www.berlinverlag.de

Von Helen Garner liegt im Berlin Verlag vor:
Das Zimmer

ISBN 978-3-8270-1526-6

Die Originalausgabe erschien 2024 unter dem Titel
The Season bei The Text Publishing Company, Melbourne.

Berlin Verlag in der Piper Verlag GmbH, Georgenstraße 4,
80799 München, *www.piper.de*
Für einen direkten Kontakt und Fragen zum Produkt
wenden Sie sich bitte an: *info@piper.de*
Satz auf Grundlage eines CSS-Layouts von
digital publishing competence (München) mit
abavo vlow (Buchloe)
Druck und Bindung: GGP Media GmbH, Pößneck
Printed in Germany

»Ich preise die heidnische Persönlichkeit von Athleten und Kriegern, deren Ethik Offenheit, Disziplin, Wachsamkeit und Tapferkeit ist.«

Camille Paglia

»Dreh dem Spiel nicht den Rücken zu.«

Der Vater von Tom und Ned

Ich parke am Straßenrand. Ich liebe diesen Park, in dem sie trainieren, bin bestimmt Hunderte Male hier gewesen, habe das Oval umrundet, schon am frühen Morgen, winters wie sommers, um für Dozer Bälle zu werfen, unseren Australischen Schäferhund. Jetzt ist er im Hinterhof begraben, unter der Kreppmyrte, nah beim Hühnerstall.

Der Junge springt mit seinem Ball aus dem Auto, schießt ihn fort und trabt hinterher. Junge? Schau ihn dir an. Seit er ein kleiner, pummeliger Achtjähriger war, spielt er in unserem Vorstadtverein; seiner sportlichen Laufbahn habe ich nie viel Aufmerksamkeit geschenkt. Aber dieses Jahr ist er in der U16. Was für Schultern! Er muss fast eins achtzig groß sein. Das jüngste meiner drei Enkelkinder. Auch das letzte, denn es wird keine weiteren geben.

–

Beim Frühstück hab ich ihn gefragt, ob ich ab jetzt mit zum Training kommen kann.

»Was? Warum?«

»Keine Ahnung. Ich hab nix zu tun. Bin ausgebrannt. Weiß nicht, was ich mit mir anfangen soll. Brauch was, worüber ich schreiben kann.«

»Da fragst du besser den Trainer.«

»Wer ist der Trainer?«

»Wir haben einen neuen. Er heißt Archie.«

»Wie? Der Archie, den wir kennen? Der ist doch noch ein Kind! Wie alt ist er?«

»Ungefähr zwanzig«, sagt Ambys Mutter, die für Dinge von Bedeutung ein Gedächtnis hat.

Kann man Trainer sein, wenn man nur fünf Jahre älter ist als die Spieler?

–

Unter einem Sonnenschirm vor dem Café, groß und mager, weißes T-Shirt und Basecap: Ist er das? Ich trete von hinten an ihn heran, er dreht sich um. Blasse Haut, strahlend blaue Augen mit schwarzen Wimpern. Ein Grinsen, das sein Gesicht spaltet. Er kommt mir clever vor, witzig, aufgeschlossen, bereit, sich mit etwas auseinanderzusetzen.

»Australian Football«, sagt er, »ist ein grotesk unnatürlicher Sport. Rückwärts laufen! Sehr lustig!« Er ist an der Uni. Er versteht gleich, worauf ich hinaus will.

»Muss ich beim Verein anfragen?«

»Ach was. Komm einfach vorbei.«

»Was ist mit den Spielern?«

»Helen! Die sind fünfzehn. Das sind Jungs. Es wird ihnen komplett egal sein. Fünf Minuten später werden sie vergessen haben, dass du überhaupt da warst. Es sind fünfzehnjährige Jungs, die versuchen, Männer zu sein.«

Er wirft den Kopf zurück und lacht.

–

Mein ganzes Leben lang habe ich gegen Männer rebelliert, unter deren Regime ich leben sollte, von ihrer Macht frustriert und kleingehalten. Dann, im ersten Jahrzehnt dieses Jahrhunderts, wurde ich Großmutter eines Mädchens und zweier Jungen, wurde zu einer zupackenden Granny, der es durch ein unvorstellbares Wunder möglich war, das Haus nebenan zu kaufen, den Zaun niederzureißen und Teil eines Familienlebens zu werden.

Das Mädchen und ich verstanden uns auf den ersten Blick. Aber weil ich nie einen Sohn großgezogen hatte, begann ich erst jetzt, Jungen und Männer aus einer neuen Perspektive zu betrachten, ihre Zartheit, ihre Zerbrechlichkeit, das, was sie sich antun müssen, um in dieser Welt zu leben, die Verhaltensregeln, die sie entwickeln müssen, um ihre Neigung zur Gewalt unter Kontrolle zu bringen.

Dann kam die Pandemie.

In Melbourne gab es mehr Lockdowns als in jeder anderen Stadt des Landes. Damals begann mich der Footy in seinen Bann zu ziehen. Dank ihm war ich glücklich, noch am Leben zu sein. In harten Zeiten gewinnt Fußball an Bedeutung. Ich erkannte, dass er eine Art von poetischer Sprache ist, ein uralter gemeinsamer Code zwischen Fremden, eine Galerie gemeinsamer Hoffnungen, Regeln und Tableaus. Geheimnisvolle Riten werden in regelmäßigen Abständen vor den Bürgern zelebriert. Footy belebt uns. Hält uns aufrecht. In Zeiten der Angst und der Unwissenheit bewahrt er uns vor dem Abgrund. Und ich begann zu ahnen, was an Männern großartig und edel sein kann, bewundernswert und anmutig.

Aber ich bin lieber still. Ich möchte nicht, dass die

Leute denken, ich würde etwas romantisieren. Vielleicht wird man mir Vorhaltungen machen, weil ich nicht über Frauenfußball schreibe. Zugegeben, es geht hier vor allem um mich und meinen Enkel. Ich bin jetzt in dem Alter, in dem meine Mutter dement gestorben ist. Alles lässt nach, mein Gehör, mein Augenlicht, auch mein Gedächtnis. Ich brauche einen Grund, um während der letzten Jahre seiner Kindheit in der Nähe meines Enkels zu sein, möchte ihn, bevor es zu spät ist, besser kennenlernen, will erfahren, was in seinem Kopf vorgeht, was ihn antreibt, möchte sehen, wie er zurechtkommt, draußen in der Welt, getrennt von seiner Familie, zu der ich gehöre. Ich muss einen Weg finden, mich quasi unsichtbar zu machen, um als stiller Zeuge dabei zu sein.

FEBRUAR

Um fünf Uhr an einem Spätsommernachmittag fahre ich ihn zum ersten Pre-Season-Training des Jahres. Seine Oberschenkel sind so lang, dass seine Knie fast gegen das Handschuhfach drücken.

»Wirst du vor dem Training nervös?«

»Nein.«

»Und vor einem Spiel?«

»Ja. Vor einem Spiel bin ich tagelang nervös und am Morgen des Spiels, wenn ich aufwache. Aber sobald man auf dem Platz steht, ist alles vergessen. Weg. Gorn.«

In keinem anderen Zusammenhang spricht er *gone* so aus. Hat das was mit Fußball zu tun?

»Welche Position spielst du?«

»Meistens Mittelfeld.«

»Ich weiß nicht mal, was das bedeutet.«

»Es bedeutet, dass ich sehr oft am Ball bin. Viel zu tun bekomme. Außer, ich tagge jemanden.«

Was ist *taggen*? Ich möchte nicht zugeben, dass mir, obwohl ich die Western Bulldogs schon vor seiner Geburt mit Leidenschaft verfolgt habe, die Regeln noch immer kaum verständlich sind.

Staubtrockene Luft. Lastende Stille. Nach und nach versammeln sich die Jungs auf dem Oval. Ich lasse ihn zuerst aussteigen. Kein Junge kommt gerne mit seiner

Oma zum Training. Er trabt los, wirft sich die Tasche über die Schulter.

Wo soll ich mich platzieren, mit meinem nagelneuen Notizbuch, versteckt in der Gesäßtasche meiner Latzhose? Es gibt keine Sitzgelegenheiten. Doch, da drüben, in der Nähe der Torpfosten und des Wasserspenders am westlichen Ende, steht eine große, altmodische Parkbank aus dicken Holzlatten. Wenn man normal darauf sitzt, schneidet einem leider das metallene Begrenzungsgeländer direkt durch die Sichtlinie. Also hieve ich mich auf die hohe, gebogene Rückenlehne der Bank und sehe mich um.

Westkurve, Spielfeldrand. Die Luft ist erfüllt von einem leisen metallischen Geräusch. Zwanzig Meter hinter mir rollen Skateboarder ihre steilen Betonkurven rauf und runter. Am südlichen Rand des Parks rattern Vorortzüge hin und her. Auf der anderen Seite der Hochbahntrasse liegt eine riesige Tunnelgrabungs- und Baustelle. Schwerfällig rollen riesige Erdbewegungsmaschinen. Männer mit Helmen und Warnwesten marschieren umher. Jenseits der Baustelle erheben sich die klotzigen Stapel vielfarbiger Container und der eine oder andere Kran. Vom Fluss her heult eine Krankenwagensirene. Was zum Teufel tue ich hier?

Archie, der Trainer, schlendert an mir vorbei und schenkt mir ein kurzes Lächeln. Ich bin überrascht, mich selbst »Hey, Boss« sagen zu hören. Er beginnt, in der Nähe der Torpfosten eine Reihe von weißen Plastikkegeln aufzustellen. Ein Mann mit zwei angeleinten Hunden duckt sich unter dem Begrenzungszaun hindurch und stürmt direkt durch das sorgfältig angelegte Kegelfeld.

Die Jungs versammeln sich um den Trainer, und ein paar fallen mir auf: der mit den sehnigen Beinen eines Langstreckenläufers und einer Wolke aus lockigem, hellem Haar, so wie Cody Weightman von den Western Bulldogs, in unserem Haus eine Ikone; ein anderer blonder, schüchtern aussehender, dünner Junge, ein Kopf kleiner als die anderen, aber drahtig; ein asiatischer Junge, ruhig und aufmerksam, mit einem auffallend erwachsenen Gesicht und einem glatten schwarzen Pferdeschwanz.

Sie sind gerade damit beschäftigt, frisch eingetroffene gelbe Fußbälle auszuprobieren. Ich werde nie verstehen, wie sie das physikalisch hinbekommen: so zu rennen und zu prellen, den labilen eiförmigen Ball dazu zu bringen, ihnen zu gehorchen, ohne dass sie je stolpern oder den Lauf unterbrechen müssen.

Ein Spätankömmling im Bloods-T-Shirt lässt sich ins Gras fallen, liegt auf dem Rücken und macht ein Selfie; die tief stehende Sonne lässt einen fetten Pseudodiamanten in seinem Ohrläppchen blinken. Seine Teamkollegen ignorieren ihn, bilden zwei Kreise und beginnen eine hektische Handballübung, wobei sie sich gegenseitig bei ihren Namen rufen, in Tripletten und mit nasaler, brüchiger Stimme: »TommyTommyTommy. NedNedNed. XavierXavierXavier.«

Das dumpfe Dröhnen von der Baustelle verstummt. Eine leichte, warme Brise weht von Norden her. Eine Elster keckert. Eine Inderin in Sportkleidung geht an mir vorbei und murmelt ununterbrochen in ihr Handy. Ich könnte in eine sommerabendliche Trance abgleiten. Doch der Trainer ruft: »Jungs! Heute Vollkontakt! Wir spielen hart!« Ich richte mich auf.

Einem Jungen misslingt ein Kick. Rohrkrepierer.

»Hoffnungslos«, stöhnt er und beugt sich schamerfüllt vor.

»Macht'n Dollar«, kommentiert der Trainer.

Jetzt schnelles Spiel. Mich erreicht der Geruch von zertrampeltem Gras, ich bin hellwach. Ein Junge bekommt einen sauberen Fang hin, einen *mark*, und ich höre mich selbst zischen: »Jaaaa!« Jemand spuckt aus. Die erste Mücke des Abends sticht mich in den Arm. Der Trainer mischt sich ins Spiel, wirbelt herum wie ein Tänzer, spielt den Ball mit der Hand hinter seinem Rücken. Mehr Körpergröße, mehr Können. Seine Kappe fliegt ihm halb vom Kopf; er schnappt sie sich und wirft sie mit der linken Hand über seine Schulter, während er mit der rechten wie nebenbei den Ball auffängt. Ein sprintender Junge bemerkt die Kappe auf dem Rasen, hält inne, sieht respektvoll nach unten: die Basecap des Trainers. Soll er sie aufheben? Nein. Er strafft sich, rennt weiter. Zwischen den Spielzügen wird der Ball von dem Spieler, der ihn gerade hält, von einer Hand in die andere geworfen und gedreht, bleibt immer in Bewegung.

Kreuz und quer fliegen gekickte Bälle durch die Gegend. Amby ist weit rechts von mir unterwegs, nahe der Südkurve. Ich sehe, wie er einen Mark schafft und sich nach zwei Arbeitern in Warnkleidung umdreht, die sich über den Zaun beugen und ihm etwas zurufen. Er wendet sich lachend von ihnen ab und tritt mit voller Kraft gegen den Ball.

Es ist heiß. Das Training dauert nur eine Stunde. Als wir vom Park wegfahren, mache ich eine verbotene Kehrtwende – und sehe ein Auto, das mir mit hoher Geschwindigkeit entgegenkommt. Muss auf den

Standstreifen ausweichen, um einen Zusammenstoß zu vermeiden.

»Mist«, sage ich. »Wie blöd von mir.«

»Das war Archie im anderen Auto.«

»Oh nein. Hat er gesehen, dass ich es war?«

»Klar. Er hat mich angestarrt und gelacht.«

Noch vom Standstreifen aus sende ich Archie ein Scham-Emoji: »Normalerweise fahre ich nicht so.«

»Haha«, antwortet er. »Kein Ding, hab nichts gesehn.«

–

Zu Hause koche ich fürs Abendessen Thunfischreis, als Ambys älterer Bruder hereinschneit. Er kommt von seiner Schnupperwoche an der Universität, sieht cool aus in seinem schwarzen Unterhemd. Er sagt, er habe ein paar Leute kennengelernt, sie wollten in einen Club, aber die Wartezeit hätte vier Stunden betragen, da habe er beschlossen, heimzugehen.

»Ich bin erschöpft«, sagt er. »Nicht nur müde. Erschöpft.«

Er und Amby tauschen Erfahrungen aus über den feinen Unterschied dieser Zustände.

Am nächsten Morgen beim Frühstück klagt Amby gewaltig über Muskelschmerzen.

»Wusstest du, dass ich dich beobachtet habe?«

»Ja.«

»Wie, die ganze Zeit?«

»Ja.«

»Oh verdammt. Ich hatte gehofft, das würde nicht passieren.«

»Ich war nicht abgelenkt. Es hat mich zu coolen Dingen inspiriert, damit ich ins Buch komme.«

–

Das Hintergrundbild auf meinem Handy ist ein Pressefoto des Kapitäns der Western Bulldogs, Marcus Bontempelli, in einem Augenblick der Niederlage, als er Josh Bruce vom Boden aufhilft. Dessen bereits operiertes Knie hat endgültig nachgegeben. Bonts Arm umklammert den Teamkameraden, seine Wange drückt gegen die Schulter des stolpernden Mannes. Ihre beider riesige gespreizte Hände. Bruce' zerzauster Dutt, aus dem Strähnen wehen. Sein Gesicht, voller Schmerz und Verzweiflung.

Einmal wurde ich von meinen drei Enkelkindern dafür gerügt, dass ich auf meinem Handy ein Foto von drei U10-Spielern hatte, die bei der Schlusssirene das Spielfeld verließen: Zwei von ihnen überragten den in der Mitte, einen sehr kleinen Jungen, dessen Mut ich sehr bewunderte. Meine Enkel schrien mich an: Es sei »verstörend«, sagten sie, dass ich dieses Foto eines Kindes mit mir rumtrage. WAS? Ich war wütend, argumentierte mit aller Kraft, aber sie trieben mich in die Enge, und ihre Eltern unterstützten sie: »Wie würdest *du* dich fühlen, Hel, wenn ein Fremder ein Foto von dir auf seinem Handy hätte?« Im Herzen habe ich mich nie gebeugt, aber um den Frieden zu wahren, hab ich so getan. Jetzt zeige ich Amby das Foto von Bont und Bruce, diese homerische Szene brüderlicher Zärtlichkeit und Fürsorge, und sage in spöttischem Ton: »Ist es für dich ›verstörend‹, dass ich dieses Foto in meinem Handy habe?«

Er schaut es sich an und erkennt es. »Nein«, sagt er und beißt nicht an. »Ich liebe dieses Foto.«

–

»Ist Collingwood das einzige AFL-Team, das unter einem Fluch steht?«, fragt meine Freundin, eine ästhetisch anspruchsvolle Frau in meinem Alter. Sie interessiert sich nicht die Bohne für Footy, aber sie kennt die alten Mythen und deren Sinn. »Der Fluch der Arbeiterklasse? Brutale Kämpfer in vorderster Reihe. Die Bulldogs sind eben die Jungs aus Sparta: klein, schlanker, beherrschter – sie sind die zweite Reihe. Aber die Jungs aus Melbourne … vielleicht sind sie aufgrund ihrer pompösen Tradition verflucht?«

Von so was kann ich nicht genug kriegen.

»Footy ist ein Spiegel des Krieges«, sagt sie, »ein Spiegel, in den wir gefahrlos hineingucken können. Und der Grund, warum die Leute so verrückt nach diesem speziellen Spiegel sind, ist, dass man dem Krieg so nah sein kann, zugleich mitten im Leben und mitten im Tod. Da spielt sich eine Art kritischer menschlicher Zustand ab, auf unbewusster Ebene. *Jetzt bin ich am Leben – und könnte in einer Stunde sterben.*«

Ich schicke ihr ein Foto von Ed Richards von den Western Bulldogs und frage sie, wie man die Farbe seiner prächtigen roten Haare korrekt bezeichnet.

»Ich würde es Tizianrot nennen«, antwortet sie. »Einmal habe ich einen dreizehnjährigen Jungen auf der Straße in Gisborne angehalten, der diese Haarfarbe hatte. Er nannte sie ›Kastanie, nicht Mahagoni‹.«

Ed Richards, meint sie, sieht »lieb, bescheiden,

edel« aus. »In welcher Formation wäre er am besten aufgehoben?«

Ich gehe auf die Website der Bulldogs und schaue mir die Highlights von Ed Richards an, die zu einem Film zusammengeschnitten wurden. Sein dunkel glühendes Haar vor dem hellen Grün des Rasens. Seine Schnelligkeit und Anmut. Wie zum Teufel schafft man es, so lange zu rennen?

–

Zweites Pre-Season-Training, ein Montag. Die Jungs scheinen heute weiter weg, kleiner. Wind aus Südwest, anders als beim letzten Mal, unablässig und kühl. Ich habe eine Jacke an und bin dankbar dafür. Ich weiß grad nicht, worum es geht. Viel Handspiel. Die Züge übertönen die Stimme des Trainers, der Wind rauscht in meinen Hörgeräten. Angus, der große, schlanke Junge im Bloods-T-Shirt, hat seit dem letzten Mal einen Bürstenschnitt. Wo ist sein auffälliger Ohrklunker? Mit den kurzen Haaren sieht er jünger und blasser aus. Elstern picken auf dem Rasen. Stare zanken sich am Zaun. Meine Zähne würden vor Kälte klappern, wenn ich sie nicht zusammenbeißen würde. Ich bin konsterniert: Ist das gerade langweilig? Langweile ich mich? Ich langweile mich sehr selten. Bin nicht der Typ dafür. Mir fällt auf, dass dies ja die Essenz dieser Betrachtung ist: ständige Veränderungen von Stimmung und Zustand.

Amby ist auf der Heimfahrt missmutig. Er torkelt in die Küche, verschwitzt und wütend auf sich selbst, weil er auf dem Spielfeld keine gute Figur abgegeben hat. Er schaut sich ungestüm um und sagt: »Ich weiß, was ich will. Ich will SUPPE!« Und natürlich habe ich keine parat. Beim nächsten Mal dann.

–

Eines Nachmittags nach der Schule stoße ich auf Amby, der auf dem Rücken auf der Terrasse liegt. »Denkst du an Liebeslieder?«

»Nein. Ich hab gerade einen traurigen Film gesehen. Na ja, er war nicht traurig, aber er hat mich an traurige Dinge denken lassen.«

»An was zum Beispiel?«

»Ich habe darüber nachgedacht, wie Menschen in Erinnerung bleiben wollen.«

Nur eine Stunde zuvor lag ich auf meinem Bett und las Madeline Millers *Das Lied des Achill.* Mir kamen die Tränen, weil die Meeresnymphe Thetis, Achilles' kalte, zornige Mutter, verboten hatte, dass man auf den Grabstein ihres Sohnes den Namen von Patroklos, seinem gedemütigten und verbannten Geliebten, schrieb.

Ich erzähle Amby die Geschichte. Am Ende muss ich mir die Hand vors Gesicht halten und ins Haus laufen, obwohl Amby nicht der Typ Junge ist, der es bescheuert findet, bei einer Geschichte zu weinen: Erst vor ein paar Jahren hat er bei *Red Dog* geflennt, als der Kelpie des toten Mannes unermüdlich die Wüstenstraßen entlang trottete auf der Suche nach seinem Herrchen. Thetis gibt schließlich nach. »Zwei Schatten, die durch die hoffnungslos schwere Dämmerung greifen ... Ihre Hände treffen sich und Licht ergießt sich in einer Flut, wie hundert goldene Urnen, aus denen Sonne strömt.« Ich glaube, Amby würde es verstehen.

MÄRZ

Training, Donnerstag, 2. März. Allmählich erkenne ich, und das freut mich, die einzelnen Vorortbewohner wieder, die zu dieser Abendzeit regelmäßig in den Park kommen: der kurzhaarige Läufer mittleren Alters in grauen Shorts und Unterhemd, das alte indische Ehepaar, das seine Enkelin in einem Sportkinderwagen herumschiebt, die Skateboarder mit Tätowierungen, Piercings und greller Kleidung. Frischer Wind weht aus Südwesten, von der erhöhten Bahntrasse her und den großen Containern, die sich dahinter stapeln.

In der Nähe der Torpfosten steht eine Frau mit einem Klemmbrett in der Hand. Sie hat ein warmes, hübsches Gesicht und langes, zurückgebundenes braunes Haar.

»Was finden Sie, wie sie aussehen?«, fragt sie.

»Sie sind groß! Und alle im Stimmbruch! Ich bin die Großmutter von Amby. Welcher ist Ihrer?«

»Harvey, aber der ist grad noch beim Cricket. Heute ist ein Neuer dabei.«

»Der mit den roten Haaren?«

»Ja, und lila Shorts. Ich sollte mich über ihn informieren.«

Sie schlendert mit ihrem angeleinten Hund auf das Feld und ruft den Jungen. Er unterbricht seine Handballübung, und sein Blick hellt sich auf, als er ihr seinen Namen nennt: Luis. Er sieht älter aus als die anderen, sein Gesichtsausdruck reifer.

Der frühere Trainer des Teams, Vater der blonden Brüder Tommy und Ned, spielt mit einem viel kleineren Jungen hinter den Toren. Wahrscheinlich ist ihm nicht bewusst, dass er mir mal etwas über Footy gesagt hat, das mich verblüfft und angefixt hat. Eines Tages im letzten Jahr stand er neben mir an der Bande, bei irgendeinem Spiel, bei dem ich so tat, als würde ich mich nicht langweilen. Ich hörte, wie er leise sagte: »Dreh dem Spiel nicht den Rücken zu.« Nach dem Abpfiff fragte ich ihn, was das bedeutet hätte. Er sagte: »Ein Junge hat einen Ball abgefangen, ok? Und holt zum Torschuss aus. Doch weil er sich nur auf sich selbst und seine eigene Torchance konzentriert, merkt er nicht, dass sich zwei seiner Teamkollegen hinter ihm in bessere Positionen gebracht haben, um das Tor zu erzielen. Der Junge schießt und verfehlt. Indem er dem Spiel den Rücken zugedreht hat, verhält er sich nicht mannschaftsdienlich.«

An diesem Abend rennt seine barfüßige vierjährige Tochter in ihrem schmutzigen schwarz-weiß gestreiften Baumwollkleid zu einem Torpfosten und klettert wie ein Affe auf den gepolsterten Teil, wobei sie sich mit den Knien und Zehen an der weichen weißen Hülle festhält. Sie hockt dort, acht Fuß über dem Boden, und blickt triumphierend umher, während ihre blonden Locken nach oben stehen. Ein Mann in einem schwarzen Business-Anzug und Krawatte, mit geradem Rücken, sehr korrekt, fährt auf einem Roller an ihr vorbei, ohne sie zu bemerken.

Die Jungs auf dem Spielfeld sprühen vor Energie. Wenn sie mit atemberaubender Geschwindigkeit rennen, mit wehendem Haar, schreien sie sich gegenseitig ihre Namen zu. Sie führen überkreuzte Achter-Figuren aus, Handballdribblings, so kompliziert, dass ich ihnen kaum folgen kann. Alle paar Minuten ruft der Trainer »Drop!«, und sie fallen mit angewinkelten Ellbogen zu Boden, machen ein halbes Dutzend Liegestütze, ohne dabei aufeinander abgestimmt zu sein: Für einen Moment wogt der Rasen in niedrigen, ungleichmäßigen Wellen aus Farbe. Sie springen auf, stehen dicht und schweigend um den Trainer herum, während er spricht, brechen dann in Gelächter aus. Sie drängeln und schubsen und fluchen und brüllen mit ihren heiseren Stimmen.

Ich spüre ein brennendes Gefühl in mir. Neid.

Die kühle Luft, die graue Wolkendecke mit blassblauen Schlitzen. Ein Zug rattert vorbei.

Der ehemalige Trainer kommt, lehnt sich neben mich an die Reling: »Was denkst du?«

»Sie sind so groß.«

»Ja. Sie machen einen guten Eindruck. Alle auf etwa demselben Niveau, keine großen Unterschiede.« Er hebt seine flachen Hände in einem Abstand von 15 cm vor seinem Gesicht in die Luft, bewegt sie dann aufeinander zu, als würde sich etwas schließen.

–

Montagstraining. Sie beginnen um zehn nach sechs. Warmer Tag, warmer Abend, so angenehm, dass alle halb benommen sind, so sanft und süß, so mild. Amby trainiert in gewöhnlicher Straßenkleidung – ein großes T-Shirt, kurze Sporthosen. Sie sind weit von mir entfernt, es ist wie ein Traum; alles ist verlangsamt. Die gelben Bälle leuchten weich und golden im sanften Herbstlicht.

Handball-Übungen wie beim Tackling. Manchmal sieht es aus wie ein Tanz! Ihre Oberkörper heben und drehen sich. Der Trainer hüpft auf seinen grazilen Beinen rückwärts. Bei einer kurzen Pause stürzen sie sich auf ihre Flaschen und trinken, ohne abzusetzen. Wasser läuft ihnen übers Kinn.

Jetzt Handspiel im Ring. Da wird geschrien. Der ehemalige Trainer, Tom und Neds Vater, der immer ein Auge auf seine Tochter hat, die weiterhin der Schwerkraft trotzt, lehnt sich neben mir an das Geländer.

»Wie lernen sie dieses an sich widernatürliche Verhalten?«, frage ich. »Ich meine, den Drang zu kontrollieren, den Ball zu werfen?«

»Je früher man es ihnen beibringt, desto besser«, sagt er. »Wenn man erst mit dreizehn Jahren anfängt zu spielen, dauert es um einiges länger, bis es zur Gewohnheit wird. Ich bin nicht so fokussiert darauf, um ehrlich zu sein. Ich denke, dass Kicken viel wichtiger ist. Wenn man ein Team hat, das gut im Kicken ist, und ein Team, das gut im Handspiel ist, werden die Kicker gewinnen.«

Eine junge Frau in vollem Make-up und eng anliegenden schwarzen Shorts und Top joggt vorbei: Sie ist so glatt und perfekt, als käme sie aus einem Nachtclub. Zwanzig Frauen joggen in Lycra-Shorts und T-Shirts mit der Aufschrift »RUN LIKE A GIRL« an mir vorbei. Ich kann ihre Stimmen schon von Weitem hören, die Musik, die sie machen. Einige murmeln, andere lachen laut. Eine Gruppe laufender Frauen unterhält sich meist; Männer neigen dazu, schweigend zu laufen.

Lange, kühle Schatten liegen über dem Gras. Die mir bereits vertrauten Ortsansässigen sind herausgekommen, um die Abendluft zu genießen. Sie schlendern den Weg entlang, der das Gelände umgibt. Ein etwa neun Jahre altes Mädchen mit einem flauschigen weißen Hund an der Leine nickt mir zu. An diesem Abend, meinem vierten, lächeln mich fast alle Passanten an. Vielleicht gehöre auch ich eines Tages hierher.

Am anderen Ende des Platzes trainiert die U18. Sie ziehen orangefarbene Leibchen an und spielen eine halbe Stunde lang gegen die U16. Sie sind anders, lauter und schwerer, nicht mehr so schmächtig: Sie haben massivere Körper und kräftigere Beine. Plötzlich sehe ich unsere Jungs in einem größeren Zusammenhang. Ihre Feinheit scheint wertvoller, kostbarer, wo sie so bald von der Männlichkeit verschlungen werden wird.

Die Jungs bilden jetzt Zweiergruppen und spielen »Stein, Schere, Papier«. Archie ruft: »Der Verlierer bekommt das Lätzchen, Jungs.«

Sie teilen sich in zwei Teams auf und spielen. Die Tore sind durch Plastikkegel auf dem Rasen markiert. Das sehe ich so gerne: manisch sich wiederholende Übungen, die in schnalzende, schiefwinklige Läufe münden, das Rennen und Hüpfen, das Laufen in Bögen, der sich windende Ausbruch aus dem Rudel, das Erreichen des Schusspunkts, das Fangen des goldenen Balls aus der Luft und das Kicken zwischen die Kegel hindurch, das Brüllen, das Gejohle, das Lachen.

Ist das Training vorbei, nehmen sie ihre Ausrüstung und ziehen von dannen. Ein Junge steigt direkt vom Spielfeld auf den Rücksitz des Rollers, auf dem sein Bruder gewartet hat. Wortlos gleiten sie davon, entspannt und gelöst.

Im Auto sagt Amby: »Das ist der beste Teil: nach Hause gefahren zu werden. Früher war es der schlimmste Teil – oh, ich habe es gehasst, diesen Hügel hinaufzumüssen.«

»Würdest du sagen, dass in jeder Trainingseinheit eine andere Stimmung herrscht?«

»Na klar. Am schlimmsten ist es, wenn niemand wirklich da sein will – im Winter, wenn es kalt ist und jeder schlecht gelaunt. Aber an einem Tag wie heute, wenn es warm ist, alle entspannt und gut gelaunt sind, kann man herumalbern und Witze machen, und das macht Spaß.«

»Warum wird so viel geschrien?«

»Manche Kinder schreien nicht so gern, keine Ahnung, warum. Aber wir müssen. Man muss sich Gehör verschaffen. Damit der, der den Ball hat, weiß, dass man da ist.«

Jetzt wird mir klar, was meine Enkelin vor Jahren gemeint hat, als sie für die Melbourne Uni spielte und ich mich darüber wunderte, wie die Spielerinnen bei vollem Tempo und in der Hektik eines Spiels beinahe blind den Ball abgeben können: »Woher wissen sie, ob da jemand ist?«

»Oh, da wird viel geschrien, Hel«, sagte sie.

–

Amby kommt in meine Küche. Er und sein Vater wollen ihm neue Stiefel kaufen.

»Was hast du beim Training getragen?«

»Nur normale Laufschuhe.«

»Was? Tut das Kicken damit nicht weh?«

Er zuckt mit den Schultern: »Nein.«

»Was ist der Unterschied zwischen Laufschuhen und richtigen Stiefeln?«

»Stiefel haben Stollen. Damit geht es leichter, weißt du?« – er macht eine dramatische Seitwärtsbewegung. »Man kann schneller drehen, anhalten und beschleunigen.«

Wieder überkommt mich ein Anflug von Neid.

»Hast du eine Schmutzbürste? Eine harte? Ich muss meine alten Stiefel reinigen. Mal sehen, ob sie mir noch passen.«

Er holt sie hervor: dunkelblau, mit Streifen und den berühmten Nieten. Sie sind über und über schrammig und mit Schlamm der letzten Saison gemustert. Er muss sie im September ausgezogen und in die Wäsche geworfen haben, und dort lagen sie dann sechs Monate, schmutzig und vergessen, während seine Füße jeden Tag ein klein wenig länger und breiter wurden.

–

Die junge Engländerin, die mir drüben in Northcote die Haare schneidet, erzählt, dass sie in einem Team in Richmond Australian Football League spielt. Ich sehe sie mit neuem Respekt an.

»Hast du dir zuerst die Regeln angesehen?«

»Pfff – nein!«

»Du hast es einfach so aufgeschnappt?«

»So ziemlich. Es gibt bei der Australian Football League nicht allzu viele Regeln. Im Vergleich zu anderen Sportarten. Wie beim Netball, wo man in einem bestimmten Bereich bleiben muss.«

»Hat man dir verschiedene Positionen zugewiesen?«

»Ja, ich spiele normalerweise auf dem Flügel oder im Mittelfeld. Ich wollte nicht im Gewühl stehen. Ich laufe gerne und liebe Zweikämpfe. Ich wollte auch nicht im Sturm spielen. Da hängt zu viel von einem selbst ab. Und ich will nicht in der Verteidigung spielen.«

»Was war das Schwierigste daran, das Spiel zu lernen?«

»Ich habe lange gebraucht, um zu verstehen, dass man sich nicht aus einem Tackling herauskämpfen darf.«

»Darf man nicht?«

»Nein – nicht wie bei anderen Fußballarten. Wenn mich jemand tackelte, habe ich mich gewehrt« – sie macht eine scharfe, stechende Bewegung mit einem Ellbogen – »wie beim Rugby.«

Sie erzählt mir von einem Mädchen, das eineinhalb Stunden vor Spielbeginn zu jedem ihrer Spiele erscheint und sich allein und schweigend über das Spielfeld bewegt, um »Äpfel« einzusammeln. Ich hab keine Hörgeräte in den Ohren, weil sie an meinem Kopf herumschnibbelt.

»Was? Was sammelt sie auf?«

»Kleine Steine, Kiesel, Müll – Abfall eben. Sie spielt nie, aber sie hat sich irgendwie dem Team angeschlossen. Und sie macht den Platz für uns sauber.«

»Wow. Als wäre es ein Schrein. Den sie reinigt.«

Sie nickt. Später werde ich überrascht sein, dass kein einziger Footyfan, ob Mann oder Frau, dem ich diese seltsame Angewohnheit beschreibe, selbst wenn ich die Worte »Schrein« und »reinigen« verwende, überrascht zu sein scheint, geschweige denn verächtlich darüber lacht.

–

Mittagspause an einem Tisch vor dem Café.

»Was hat's mit dem Tackling auf sich?«

»Also gut. Hier sind die Regeln. Die erste lautet: nicht oberhalb der Schultern. Das nennt man ein hohes Tackling, und der so Getackelte bekommt einen Freistoß. Zweitens: Man darf nicht unterhalb der Knie tacklen. Das ist kein echtes Tackling, das nennt man ein Foul. Und der andere bekommt einen Freistoß.«

»Gibt es verschiedene Arten des Tacklings?«

»Nein. Man springt sie an, packt sie und hofft, dass sie hinfallen. Wenn man den Ball bekommt, ich meine, wenn es kein Mark ist, sondern man ihn so erwischt oder vom Boden aufhebt, und wenn du angegriffen wirst, bevor du die Chance hast, ihn loszuwerden, ist das ein Schiedsrichterball, kein Freistoß gegen dich. Das nennt man ›Mangel an Gelegenheit‹. Das sind Übungen, die man gerne sieht – es geht um Beweglichkeit, wie schnell du den Ball bekommen und wieder abgeben kannst. Es gibt Möglichkeiten, wie man einen Freistoß nach einem Tackling bekommt. Wenn die getackelte Person den Ball fallen lässt. Oder wenn der getackelte Spieler den Ball ›hält‹ – den Angreifer abwehrt oder ihm ausweicht. Es gibt kein klares Zeitlimit, aber wenn man es versucht, während man angegriffen wird, nennt man das ›Ballhalten‹. Eine andere Art von Freistoß kann gegen dich verhängt werden, wenn du zu weit läufst, ohne den Ball zu prellen. Das ist vage. Solange du den Ball prellst, kannst du die gesamte Länge des Spielfelds laufen. Aber es ist schwierig, den Ball zu prellen und gleichzeitig das Tempo hoch zu halten. Aus irgendeinem Grund werden die Leute beim Prellen immer etwas langsamer. Nehmen wir an, du wirst von jemandem verfolgt und die Leute schreien ›Hintermann!‹ – dann willst du nicht prellen, denn wenn du prellst, wirst du langsamer und wirst zu Boden gerissen. Derjenige, der dich verfolgt, wird dich einholen und dich umschmeißen. Wenn du zu weit läufst, ohne zu prellen, weil du nicht langsamer werden und angegriffen werden willst, kann der Schiedsrichter pfeifen, und die andere Mannschaft bekommt einen Freistoß.«

»Okay. Ich verstehe. Ich *glaube*, ich hab's verstanden.«

»Weißt du, was mir aufgefallen ist? Wenn ich versuche, jemanden zu tackeln, und es nicht gut hinbekomme, kann ich mich danach genau daran erinnern, was ich getan habe – was ich falsch gemacht habe, das Gefühl, wenn meine Arme von dem Kerl abrutschen und er wegrennt. Aber wenn ich einen guten Tackle hinbekomme, kann ich mich nicht wirklich daran erinnern. Ich muss unwillkürlich die Augen schließen, wenn ich jemanden angreife. Packe zu, und selbst wenn ich spüre, dass meine Hand beginnt abzurutschen, halte ich mein Handgelenk mit der anderen Hand fest und ziehe den Gegner zu Boden. Dann ist es, als würde ich aufwachen. Als wäre ich bewusstlos gewesen.«

»Ist das ein triumphaler Moment?«

»Ja.«

»Das erinnert mich an einen berühmten Saxofonisten, über den ich einmal gelesen habe. Er sagte: ›Wenn ich schlecht spiele, ist es meine Schuld. Aber wenn ich gut spiele, hat das nichts mit mir zu tun.‹«

Wir sitzen still in der schwachen Herbstsonne. Ich wickle die Ränder meines Toasts in eine Papierserviette, um sie für die Hühner mit nach Hause zu nehmen. Ich will gerade das Notizbuch wieder in meine Tasche stecken, als er noch etwas sagt.

»An eine Sache erinnere ich mich besonders gern. Wir spielten gegen Sunshine. So ein kleiner Kerl bekam den Ball. Ich griff ihn an, aber er spielte ihn einem seiner Mitspieler zu. Ich stand auf und begann, das andere Kind zu jagen. Ich erinnere mich, dass ich von der Seite kam, ich erinnere mich, dass er eine Vokuhila-Frisur hatte, die bis zwischen seine Schulterblätter reichte; er war ziemlich klein, aber sehr stämmig und schnell. Und während ich auf ihn zukam, wusste ich, dass er nicht wusste, dass ich da war. Ich habe ihn angegriffen und einen Freistoß bekommen, weil er den Ball fallen ließ. Ich erinnere mich, dass das eines der besten Gefühle war, die ich je beim Footy hatte – ich habe den ersten Kerl angegriffen, und er ist entkommen, aber ich habe den zweiten verfolgt, und es hat sich ausgezahlt.«

–

Zu Hause lasen wir in der *Age* über Liam Picken, Spieler der Western Bulldogs mit ebenso liebenswertem Charakter wie herausragenden Fähigkeiten, der vor einigen Jahren mit dreiunddreißig Jahren aufhören musste: Er hatte sich zu oft eine Gehirnerschütterung zugezogen. Jetzt hat er eine Zivilklage gegen die Australian Football League (AFL), die Western Bulldogs und die Vereinsärzte angestrengt. Seine Anwälte sagen, dass er trotz erlittener Gehirnerschütterung wiederholt auf das Spielfeld zurückgeschickt wurde. Sie sagen, dass er nie über Testergebnisse informiert wurde, die dazu geführt hätten, dass er an Experten überwiesen oder zu Gehirnscans geschickt worden wäre. Er habe das volle Ausmaß seiner Verletzungen oder seiner Symptome nicht verstanden. Er habe »Bedenken geäußert«, aber die ärztliche Auskunft, die er erhielt, lautete, dass er noch einsatzfähig sei. Es macht uns traurig und betroffen, was wir über seine Hirnverletzung lesen: Er leidet unter anhaltenden Kopfschmerzen, Lethargie, Reizbarkeit, Konzentrationsschwäche, schweren Depressionen, Angstzuständen und Stress sowie Fotophobie, einer Abneigung gegen helles Licht.

Ein anderer Bulldogs-Spieler, Caleb Daniel, trägt jetzt immer einen Lederhelm. Ein Fernsehkommentator in einem engen blauen Anzug stellt ihm klugscheißerische Fragen: »Was ist mit dem Helm? Macht er Mum glücklich?« Es ist unter Daniels Würde, zu antworten.

–

Bei einer Lunchparty in St. Kilda kommen ein paar Freunde in ihren Siebzigern auf ein Footy-Thema zu sprechen: die zunehmende Angst vor Gehirnerschütterungen. Ein pensionierter Anwalt, mit seinen über zwei Metern der netteste und witzigste Typ, den man sich vorstellen kann, erzählt leise eine Geschichte, als er vor Ewigkeiten für Richmond spielte. Er wird auf dem Spielfeld ausgeknockt, ist bewusstlos, liegt am Boden. Nach einiger Zeit kommt er zu sich, steht auf und fragt einen Teamkollegen: »Ist das das große Finale?« – »Ja.« – »In welche Richtung spielen wir?« – »In diese Richtung.« Und er spielt bis zum Ende weiter. Gibt es eine Moral in dieser Geschichte? Niemand sucht nach einer. Wir lachen einfach mit ihm, fast zärtlich.

–

Am Ankunftsgate, wo ich auf Amby und seine Mutter warte, die nach ein paar Tagen in Adelaide nach Hause kommen, hält ein Mann neben mir eine gefaltete Ausgabe der *Herald-Sun* in der Hand. Auf der Titelseite ist ein großartiges Nahporträt von Bulldogs-Star Bailey Smith, dem König der blonden Vokuhilas, zu sehen, der in seinem himmelblauen Dogs-Pullover und zerknitterten weißen Stiefeln auf dem Rasen kauert, einen Unterarm über seinem Oberschenkel, die andere Hand leicht gespreizt auf einem Ball: Trotz seines absurden kleinen Schnurrbarts (alle lassen sich grad einen wachsen – das ist angesagt in der AFL und sogar auf der Straße. Um Himmels willen!) sieht er älter, stärker und dunkler aus, sein Blick ist voller Kraft, voll stillem Bewusstsein für die eigene Schönheit. »EXKLUSIV: Bulldogs-Star verrät, wie der Tiefpunkt seines Lebens ihm geholfen hat, sein Leben zu ändern.«

Amby, mit hochgeschobener Kapuze, schlurft hinter seiner Mutter aus dem Flugzeug und zieht einen kleinen Koffer hinter sich her.

»Wie war WOMAD?«

»Ganz toll. Viele Mädchen in meinem Alter. Es war so cool, sie anzusehen. Sobald wir Augenkontakt hatten, hätte ich mir bei jeder vorstellen können, dass was laufen würde.«

»Warte, bis er seine Kapuze abnimmt«, sagt seine Mutter.

Moment, Moment, er erzählt die Geschichte. »In der Menge«, sagt er, »konnte ich jemanden sehen, der einen Besenstiel hochhielt, dran ein Schild mit der Aufschrift ›KOSTENLOSE HAARSCHNITTE‹. Und ich dachte, ich lass mir einen Vokuhila schneiden. So ein Footy-Ding. Also gehe ich hin zu ihnen. Sie so: ›Cool! Wir haben jemanden!‹ Das Mädchen fängt an zu schneiden. Sie sagt: ›Die Schere ist nur von Kmart, aber sie ist wirklich gut‹.«

Er lässt die Kapuze fallen und dreht den Kopf: Da ist er, der Vokuhila, das dichte blonde Haar brutal zugeschnitten, die Ohren entblößt und der Nacken versteckt, oben und auf der Stirn immer noch fluffig. Ein Bauernjunge aus einem Tolstoi-Roman.

»Ist es okay? Gefällt es dir?«

»Ich liebe es. Es ist cool. Was hat sie mit den Haaren gemacht?«

»Die hat sie ins Gras fallen lassen. Und sie sind weggeweht.«

–

»Hey, Vokuhila-Kopf«, simse ich. »Ich kann heute Abend nicht mit zum Training kommen.«

»Kein Problem.«

»Wird Vokuhila in der Schule akzeptiert?«

»Nicht wirklich. Alle finden ihn schlimm.«

»Pfff. Ziehst du das trotzdem durch?«

»Ja.«

»Gut so. Pfeif drauf, was die anderen sagen. Vielleicht muss hier und da leicht nachgebessert werden, aber im Großen und Ganzen bist du immer noch superheiß – ha ha, lösch das.«

»Danke, Helen.«

»Ist das ein weinendes Emoji? Oder ein lachendes, bis du weinst?«

(Eine halbe Stunde später) »Lache, bis ich weine.«

–

Man spürt, dass die Saison näher rückt. Alle sind aufgeregt und voller Vorfreude.

Jeden Morgen blättere ich direkt zu den Fußballseiten. Die Art, wie sie dort reden! »Sein Antritt und sein Torhunger.« »Ich werde in den Park gehen und ein bisschen kicken, das gibt mir den Kick.« »Er war nie ein Ausdauersportler, aber die Bulldogs haben seine Sprungkraft entdeckt.« »Ich werde nicht auf Nummer sicher gehen, ich vertraue darauf, dass es klappt.« »Der Halfback, ein harter Brocken aus Tasmanien.« »Rückschläge im Weichteilbereich.« »Auf einem Flügel beeindruckt.« »Ich hatte ironischerweise das große Glück, mit zwanzig Jahren Kapitän eines Spiels zu sein.« »Sah ziemlich spritzig aus.« »In der Luft nicht zu stoppen.«

–

Kann Toby Greene seinen Charakter von Grund auf

ändern, falls sie ihn zum Kapitän von Greater Western Sydney machen? Ich persönlich werde ihn immer dafür hassen, dass er Bont in die Augen gepiekt und Luke Dahlhaus gegen den Kiefer getreten hat, aber – was für ein Spieler! Ein Mann auf einer Party sagt mir, ich solle doch Greenes Bemühungen, sich in den Griff zu bekommen, anerkennen. Und erinnert mich an den Einfluss, den ein Typ wie Greenes Vater auf einen jungen Burschen haben kann.

–

Ich zeige meiner Freundin ein Dreiviertel-Porträt des Sydney-Swans-Spielers Buddy Franklin im Stehen: den Kopf zur Kamera gedreht, tätowiert, mit Bartstoppeln, kurzhaarig, mit geradem Rücken, ernst, ein winziges Stirnrunzeln, mit der rechten Hand einen Ball an die Seite gedrückt, die linke Hand entspannt und wachsam in der Luft baumelnd.

»Ich habe nach Luft geschnappt«, antwortet sie. »Wobei ich mir nicht sicher bin, was das für ein Gefühl war, aber ich glaube, eine ziemlich starke Bewunderung für seine Männlichkeit.«

»Ich mache mir Sorgen um Buddy. Bitte, Gott, mach, dass er nicht zusammenbricht, sondern aufrecht in Rente gehen kann.«

Diese Freundin sagt immer, dass sie sich nicht für Fußball interessiert – genauer gesagt, für die eigentlichen Spiele. Aber ich erinnere sie an einen Nachmittag vor Jahren, als wir von einem Spaziergang am Fluss nach Hause fuhren. Wir kamen an einem Vorstadtpark auf einem Hügel in Aberfeldie vorbei und sahen eine Gruppe von Jungs, vielleicht U12, die mit ihrem Trainer auf dem dichten grünen Gras trainierten. Wir hielten an und stiegen aus. Niemand sonst war in der Nähe. Unter einem Laubbaum stand eine Bank für uns. Wir setzten uns hin und beobachteten. Ich war sicher, dass eine von uns unruhig werden und sagen würde: »Okay, lass uns gehen.« Aber keine von uns tat es. Stattdessen wurden wir ruhig. Wir haben wohl eine Stunde dort gesessen, ohne viel zu sagen, nur um zuzusehen. Und als es dunkel wurde und wir nach Hause gingen, bemerkten wir beide, wie friedlich es gewesen war und wie sehr wir es genossen hatten.

»Ich erinnere mich daran«, sagt sie.

»Es war ein bisschen wie vor einem Schrein, nicht wahr?«

»Schrein?« Sie sieht mich schief an. »Nicht für mich, nein.«

Sie ist stur, die gottlose rote Socke.

–

Freitagabend zu Hause. Wir haben im Licht der Lampe eine von uns gestrickte Wolldecke vernäht, eine Freundin und ich, jetzt schalten wir, müde und mit geröteten Augen von der stundenlangen Nadelarbeit, das Spiel Collingwood/Geelong ein, um kurz reinzugucken, bevor wir ins Bett gehen. Sie ist Bombers-, ich Western-Bulldogs-Fan, deshalb können wir dieses Spiel leidenschaftslos betrachten. Wir kennen die Spielernamen nicht, und es ist uns egal, wer gewinnt.

Wir kommentieren lässig die Frisuren der Spieler und ihr Benehmen.

Plötzlich kollidieren zwei Männer in der Luft und

stürzen getrennt voneinander zu Boden. Sie liegen dort, regungslos, wie zwei riesige gefallene Statuen. Einer rappelt sich scheinbar unverletzt wieder auf die Beine, aber der andere bleibt auf dem Rücken liegen und windet sich. Helfer rennen zu ihm, ein rundliches Mädchen in Shorts holpert über den Rasen, mit einer Trage. Die anderen Spieler ziehen sich zurück, entfernen sich. Auch die Kameras. Sie wissen nicht, wohin sie ihren Blick richten sollen, schweifen sinnlos hin und her.

»Sieht aus, als hätte er sich den Arm gebrochen«, murmelt der Kommentator. »So etwas wollen wir nicht aus der Nähe sehen.«

Die Spieler von Collingwood stehen an der Seitenlinie und warten. Einer mit langen blonden Haaren beugt sich zu einem Teamkollegen hinüber, dessen Stirnband verrutscht ist, und rückt es behutsam zurecht. Ein klobiges, kleines traktorähnliches Fahrzeug saust dorthin, wo der Verletzte liegt. Die Trainer laden ihn auf. Während seine Teamkollegen sich um ihn sammeln, dann zerstreuen, um den Weg freizugeben, erhasche ich einen Blick auf sein gequältes Gesicht, seine rhythmisch zuckenden Schultern.

–

Alle anderen sind bei einer großen Familienfeier in Ocean Grove. Nur Amby und ich sind hier, um uns das Spiel der Bulldogs gegen Melbourne anzusehen. Ich serviere eine Suppe, die aus dem Zucchini-Überschuss im Hinterhof resultiert. Er faulenzt auf der Couch, und ich nehme meinen üblichen Platz auf dem Boden zwischen dem Couchtisch und dem Fernseher ein. Ich verachte die Menge dafür, dass sie Lachlan Hunter ausbuht, weil er von den Bulldogs zu den Demons gewechselt ist. Allerdings sieht er in dem dunkelblauen Melbourne-Pullover irgendwie falsch aus. Er hat einen frischen Bürstenschnitt und wirkt damit jung und unerfahren. Was er nicht ist. Jemand schießt ein Tor und geht zurück zur Mitte, zeigt und gestikuliert auf unsichtbare Personen, formt mit dem Mund etwas, das sich für mich wie Befehle anhört: Geh da rüber – warum bist du nicht da drüben?

»Was rufen sie, wenn sie nach einem Tor so zeigen und schreien?«

Amby zuckt mit den Schultern. »Ich schätze, es sind einfach nur Anfeuerungen.«

»Ich denke, das wird ein beängstigendes Spiel, Amb.«

»Ja. Wird es. Im Grunde ist an Footy vieles beängstigend.«

Aaron Naughton schnappt sich einen Ball aus der Luft.

»Was für ein Fang!«, ruft Amby. »Heilige Scheiße!«

Ein Spieler trägt zwei schwarze Armbinden. Ich vermute, dass zwei seiner Großeltern gestorben sind. Wir betrachten ihn nachdenklich, während wir unsere schwarzen Sesam-Mochi essen.

»Wenn ich sterbe, trägst du dann auch eine Armbinde?«

»Ja.«

Der junge Stürmer der Demons, Kysaiah Pickett, bekommt nach einem Zusammenstoß mit Tom Liberatore einen sehr zweifelhaften Freistoß, schießt ein Tor und dreht sich dann um, um Libba zu verhöhnen.

Unverschämter Bengel. Sehr schlechter Stil für einen jungen Spieler, egal wie talentiert er ist – und Pickett ist ein großartiger Spieler –, einem brillanten Veteranen wie Liberatore so respektlos zu kommen. Einem zähen, gerissenen, bewährten Veteranen. Der viel zu beherrscht ist, um den frechen Youngster sofort zu verprügeln.

Gegen Ende des Spiels, das die Bulldogs eindeutig verlieren, wird Pickett wieder aktiv: Bailey Smith schafft einen Mark und kickt, und Pickett kommt hinter ihm durch die Luft geflogen, in einem Winkel wie ein Mann, der aus einer Kneipe geschleudert wird, wirft sich auf Smiths Oberkörper und streckt ihn nieder. Der Vize-Kapitän der Bulldogs, Jack Macrae, stürzt sich mit ausgestreckten Armen auf Pickett, der Mundschutz leuchtet weiß über seinen zusammengebissenen Zähnen, und es geht los. Die Mitspieler zerren an den kämpfenden Männern, um sie zu trennen, sie liegen am Boden, die Menge brüllt. Schwach können wir die Stimme des Schiedsrichters hören: »Verwarnung! Verwarnung!«

–

Pickett wird für seinen Tiefschlag gegen Smith für zwei Wochen gesperrt. Zu Hause sind alle der Meinung, dass dies korrekt ist. Das nennen sie einen *bump*? Das sehe ich nicht so. Ich finde, er sollte eher eine dritte Woche dafür bekommen, dass er Libba so offensiv verhöhnt hat.

»Pickett ist ein großartiger Spieler«, sage ich oberlehrerinnenhaft unter dem Feigenbaum, »aber er sollte Manieren lernen.«

Amby schüttelt düster den Kopf.

Na ja, ich habe halt die Ansichten einer Oma zu diesen Dingen.

Ich wende mich dem Sportjournalisten Greg Baum von *The Age* zu, er zitiert etwas zynisch: »›Mir ist egal, was irgendjemand denkt, der Big Bump ist einfach ein Teil von Footy, den ich verdammt noch mal liebe‹. Das hat der ehemalige Mittelfeldspieler von Carlton und Brisbane, Mitch Robinson, gestern getwittert. ›Wenn man das aus dem Spiel nimmt, geht es nur noch darum, wer das größte Talent hat.‹ Gott bewahre!«

–

Amby sitzt mit freiem Oberkörper am Küchentisch. Wo ist unser kleiner Junge hin? Seine Schultern und Arme haben durch das Training ordentlich an Masse zugelegt: Er sieht groß und kräftig aus. Ich wünschte, er wäre kugelsicher. Wenn ich die Spieler im Fernsehen sehe, wie sie aufeinanderprallen, zucke ich zusammen und stöhne.

Währenddessen improvisiert sein älterer Bruder, ehemaliges Mitglied desselben Footballteams, im Nebenzimmer kleine Walzer im französischen Stil auf dem Klavier. Er ist immer noch in seiner Punkband HateBugs, mit all dem heftigen Gedöns, das dazugehört; die grellgelbe E-Gitarre lehnt immer neben seinem Bett. Aber in dem schummrigen Raum, in dem das Klavier an der Wand steht, lässt er einem Strom bezaubernder, leichtfüßiger, ganz zarter Melodien freien Lauf.

–

Zufällig kommt mein Neffe vorbei, der 33-jährige Sohn meines Bruders, als Amby und ich uns gerade auf den Weg zum Donnerstagstraining machen. Mein Neffe erzählt von den Tagen, als er selbst in der Schule Footy spielte: »Ich habe es geliebt, gefährliche Dinge zu tun. Ich habe es geliebt, spektakuläre Bälle zu fangen. Unser Trainer war auch der Kunstlehrer. Am Ende der Saison fertigte er von jedem Spieler ein kleines Modell an. Meins«, sagt er und streckt beide Arme zur Decke, »zeigt mich bei so einem *speccy*. Allerdings hat er direkt unter mir einen kleinen Krankenwagen platziert.«

Ich werde das erste Trainingsspiel der Colts verpassen – und das zweite auch –, denn lange bevor diese Fußballsache in mein Leben trat, hatte ich mich mit einer alten Freundin verabredet, um in Bendigo Wagners zwei Wochenenden dauernden Opernzyklus *Der Ring des Nibelungen* zu hören. In diesen Spielen wird Amby gegen zwei gute Freunde antreten, die in anderen Vororten leben.

»Du wirst mein Danny-Spiel verpassen. Und mein Alex-Spiel.«

»Ich weiß. Es ist so schade. Ich würde sie nicht verpassen, wenn ich nicht müsste.«

»Ist schon in Ordnung«, sagt er freundlich.

»Nein, das ist nicht in Ordnung«, sage ich, »nicht für mich.«

Auf dem Weg zum Park im Auto erwähne ich, dass er wirklich an Muskelmasse zugelegt hat. Ich hatte ihn ja am Tisch ohne T-Shirt begutachten können.

»Danke, Helen.«

»War nicht als Kompliment gemeint. Nur als Feststellung.«

»Ich laufe nicht ohne T-Shirt herum, um anzugeben, ähm … Aber manchmal denke ich, ich sehe ganz … ähm …«

Er wirft mir einen verschmitzten Blick zu. Wir lachen und fahren den Hügel hinunter, vorbei am neuen Schwimmbad, von dem niemand glaubt, dass es je fertiggestellt wird.

Harveys Mutter breitet auf dem Rasen ärmellose Pullover mit Nummern auf dem Rücken aus. Amby zieht sein Handy aus der Tasche, legt es auf das feuchte Gras neben der Tasche eines anderen und geht weg. Ich muss gegen den Drang ankämpfen, es aufzuheben und für ihn darauf *achtzugeben.* Ich kämpfe und gewinne.

Seit zwei Wochen war ich nicht mehr beim Training. Als ich im Overall und mit Strohhut meine Position am Spielfeldrand einnehme, bin ich erstaunt, wie klein, kindlich, sogar schmächtig die Jungen aussehen. Dieser Eindruck verschwindet jedoch, sobald sie mit der Arbeit beginnen.

Besonders gut gefallen mir die Übungen, sie laufen so konzentriert und motiviert ab: 30 Minuten schnelles Rennen und Kicken und Handspiel, vorwärtsstürmen, nie zögern, immer wachsam sein und aufeinander achten und sich in komplexen Formationen heiser die Namen zurufen. Später, auf dem Heimweg, erzähle ich Amby von meiner Beobachtung. Wir kommen zu der Erklärung, dass ich seit zwei Wochen nur noch AFL-Spiele im Fernsehen schaue, bei denen die Spieler ausgewachsene Zwei-Meter-Männer sind, donnernde Kreaturen mit Bärten und Schnurrbärten und massiven, im Fitnessstudio gestählten Armen und Beinen. »Natürlich sehen wir dagegen klein aus«, sagt er.

Auch heute Abend, als ich auf dem Geländer lehne,

sehe ich die Weichheit in den Gesichtern dieser Jungen, die Schlaksigkeit, die ihre Körper noch immer auszeichnet. Wie leichtfüßig sie auf den heranrollenden Ball zuspringen, ihn mit herausgestreckter Brust abfangen. Wenn Tommy, der Junge mit dem fliegenden blonden Lockenschopf und dem markanten Kinn, einen seiner Sprints hinlegt, spannen sich seine Beinmuskeln so fein wie Drähte unter der Haut.

Angus, der Buzz-Cut-Typ mit dem großen, glänzenden Ohrstecker, scheint genervt zu sein, weil mehrere Mitglieder seiner Familie gekommen sind, um ihm beim Training zuzusehen: eine Schwester und ein kleiner Bruder sowie ein Mann, der sein Großvater sein könnte. Die Kinder ducken sich unter dem Geländer hindurch auf das Feld und spielen sich direkt vor den Torpfosten Bälle zu. Er schreit sie an, sie sollen aufhören, aber sie ignorieren ihn. Er wendet sich den anderen Spielern zu, die gerade aus ihren Wasserflaschen trinken. »Ihr müsst nicht hier sein«, ruft er über die Schulter zurück. Der Mann zwinkert mir zu, und beide verdrehen wir die Augen. Der Ball kommt zu Angus. Er zielt aufs Tor und schießt vorbei, wirft sich mit dem Gesicht nach unten auf den Rasen.

Die U18er schlendern zum Trainingsspiel. Die Gesichter unserer Jungs verhärten sich und nehmen einen spöttischen Ausdruck an, als das ältere Team sie mit ihrer Anwesenheit beehrt: Sie stehen eng beisammen und sehen verschlossen, gemein und herausfordernd aus. Spontan halte ich mich an die uralte Regel, die Lektion, die Frauen aus dieser Miene lernen: Die Festung hat geschlossen; nicht nähern.

Um 19 Uhr liegt das gesamte Gelände im Schatten und kühlt ab. Ambys Handy liegt immer noch im

Gras. Die Jungs treten darum herum. Die Sonne steht tief, tief, tief, und die Luft jenseits der Baustelle des Tunnels ist von goldenem Staub erfüllt. Riesige Lastwagen stehen in einer Reihe, einer davon nagelneu, seine silbernen Zierleisten makellos, seine massiven purpurroten Flanken noch glänzend. Ein Kranführer sitzt in seiner Kabine und beugt sich über sein Telefon. Warum fahren die nicht alle nach Hause? Ist der Arbeitstag nicht vorbei? Auf der Hochbahn rattern Züge. Ein Gebäude in der Stadt, weit weg hinter den riesigen Ulmen, leuchtet wie Perlmutt im sanften Abendlicht. Ich binde meine Strickjacke von der Taille los und ziehe sie an.

Der Trainer versammelt die Jungs um sich. Ihre nackten Beine gleichen Stielen, ihre Köpfe drängen sich wie Blüten in einem Strauß zusammen. Ich gehe näher heran, um zu hören, was Archie sagt: Er ruft ihren Co-Kapitän Jake auf. Der Junge mit den welligen Haaren tritt verlegen vor. Die anderen applaudieren.

»Komm schon, Jake«, sagt Archie. »Sag ein paar Worte zu deinem Team! Sag etwas über Sonntag!«

Jake murmelt mit gesenktem Blick: »Ich hoffe, wir gewinnen das Spiel.«

Auf dem Heimweg erzählt mir Amby, dass Jake, als bester Spieler im Team, jedes Jahr Co-Kapitän ist. Jetzt verstehe ich die Stoßseufzer im Training, wenn *JakeJakeJakeJakeJake* gerufen wird!

–

Meine alte Freundin, mit der ich zum *Ring* nach Bendigo fahre, ist seit ihrer Kindheit footyverrückt. Sie ist ein Carlton-Fan und weiß tausendmal mehr über die Geschichte und Terminologie des Australian Football, als ich es je tun werde. Dennoch erträgt sie meine uninformierte Begeisterung und ist bereit, sie zu teilen. Wenn sie mich korrigiert, höre ich ihr respektvoll zu. Sie verwendet coole Ausdrücke wie »Junk Time« und liebt Geschichten über Werdegänge – zum Beispiel durften die berühmten Carlton-Brüder Ed und Charlie Curnow keine PlayStation haben oder drinnen herumhängen. Sie wurden von ihrer Mutter rausgeworfen – »sie schloss die Tür ab« –, um im Park Fußball zu spielen. Am Abend waren die Nachbarskinder erschöpft und machten sich auf den Heimweg, aber die Curnow-Jungs spielten weiter und weiter, getrieben, besessen, nie gelangweilt, immer energiegeladen – »sie waren wie Kelpies«.

Samstag ist Ruhetag vom *Ring*. Wir umgehen die Restaurants voller Opernfans und finden eine große alte Kneipe, in der kleine Kinder in Rudeln herumtoben und alle in geselliger Stimmung sind. Wir bestellen Gerichte von der Theke und ergattern einen Tisch direkt vor der riesigen Leinwand. Wir schreien und toben und jubeln wie alle anderen um uns herum, beschwören die Götter des Spiels und verfluchen die bösen Geister der Eitelkeit, des Verrats und der unnötigen Grausamkeit. Alles, auch der Fußball, ist wagnerianisch in Bendigo, dem Herzen der Goldminen.

–

Am Montagmorgen betritt Amby die Küche, humpelnd.

»Ich habe gehört, dass du wirklich gut gespielt hast.«

Er senkt den Blick, kann sich aber ein Lächeln nicht verkneifen.

»Ich musste mich nach dem Spiel massieren lassen. Mir tut immer noch alles weh.«

»Hast du blaue Flecken oder was?«

»Weißt du noch, diese Rückenschmerzen, die ich letzte Saison hatte? Die nicht weggehen wollten? Jetzt sind sie zurück.«

Ich mache Wasser für eine Wärmflasche heiß und reiche ihm diese mitsamt dem Baumwollbezug. Er schiebt sie sich unter sein Hemd.

»So ein Typ hat mir das Knie in den Magen gerammt. Ich hoffe, meine Eingeweide sind nicht verdreht oder so. Ein paar Leute haben mir hinterher gesagt, ich hätte mich revanchieren sollen. Aber ich hatte ihn schon mit meinem Tackling zu Boden geworfen, also ...« Er lacht schallend und drückt sich die Wärmflasche an den Bauch.

»Sind denn alle im Team so lädiert?«

»Amby ist hart rangegangen«, sagt sein Vater. »Er hat sich mehr reingehängt als alle anderen.«

Sein Vater sagt, dass, als er noch spielte, es bei ihm nicht anders war, dass ihm alles wehtat, aber binnen weniger Tage war alles wieder okay.

»Jemanden zu tackeln«, sagt er, »ist extrem befriedigend. Aber man muss an den Punkt kommen, an dem man lernt, es auch zu lieben, getackelt zu werden. Man kann sich dafür verfluchen, dass man zu langsam oder zu unachtsam oder zu übermütig war, aber man muss es lieben. Und man muss den Tackler respektieren. Es ist wie beim Surfen. Man muss lernen, die Kraft des Ozeans zu lieben – wenn er einen herumwirbelt und von den Füßen holt, wenn man den Take-off vermasselt. Es ist erfrischend. Macht einen Teil der Freude daran aus. Spornt einen an, es beim nächsten Mal noch besser zu machen. Wenn man nicht lernt, es zu lieben, wird man immer nur ein Mitläufer sein.«

Jetzt kann ich nur noch an Verletzungen denken. Ich lasse meinen Blick über die Spalten der Sportseiten schweifen. Martin hat nur eine leichte Zerrung, keinen Kapselriss. Short fällt wegen einer Wadenverletzung aus. Gun-Mittelfeld-Neuzugang Hopper erlitt spät im Spiel bei einem bösen Zwischenfall eine Knieverletzung. Lynch eine Prellung. Verletzung über Verletzung. Ich habe von der Hälfte dieser Jungs noch nie gehört, mein Wissen geht kaum über die Western Bulldogs und deren Malaisen hinaus, aber ich erschaudere und fühle mit allen.

»Ich bin einunddreißig«, sagt der Kapitän der Demons, Max Gawn. »Bin schon ein bisschen in die Jahre gekommen und eine dritte Knie-OP wäre ziemlich verheerend gewesen ... Ich war kurzzeitig ziemlich fertig und hab eine kleine Träne in der Umkleidekabine verdrückt.«

–

Amby ist mit seiner Frisur nicht zufrieden. »Ich glaube, ich gehe zum Friseur.«

»Behältst du den Vokuhila?«

»Ja. Gehört zum Footy.«

»Weshalb?«

»Ohhh – weil man sein Haar beim Laufen spürt,

wie es wippt; aber es bremst nicht, fällt nicht ins Gesicht, und es fließt dir kein Schweiß in die Augen.«

–

Die Western Bulldogs machen gerade keine gute Figur. Alle diskutieren über den Mangel an Kampfgeist. Die Saints laufen ihnen davon. Wieso fehlt es einem Team wie diesem an Mut? Wir lungern auf unseren gewohnten Plätzen auf dem Sofa oder auf dem Boden, und innerlich wappnen wir uns für eine katastrophale Saison. Ambys Vater erleidet einen Nervenzusammenbruch, Bitterkeit liegt in der Luft. Aber dann stellen die Bastarde sich auf die Hinterbeine und schlagen die Brisbane Lions. Unserem Neuzugang Arthur Jones dabei zuzusehen, wie er beim Ertönen der Sirene über den Platz prescht und sich in die Arme von Jamarra Ugle-Hagan wirft, genügt bereits, um uns jubeln zu lassen. Was auch immer nächste Woche passieren mag: Wir sind wieder ein Team.

APRIL

Montagabendtraining. Während ich in der Oper war, ging die Sommerzeit zu Ende. Einmal mehr wird die Harmonie zwischen Lichtintensität und dem Zeitgefühl des Menschen gestört. Die Zahnräder knirschen; man muss sich anpassen. Mit jedem Jahr wird es für mich schwieriger und ärgerlicher. Scharen weißer Möwen kreisen und ernähren sich von unsichtbaren Insekten. Die alten Männer, einzeln und zu zweit, die sehr langsam um den Sportplatz gehen, gönnen den herumwuselnden Jungs ein vages, wohlwollendes Lächeln. Eine Frau im Businessanzug fährt kerzengerade und mit elegant hochgestecktem Haar auf einem Roller den Fußweg der Kensington Road entlang. Sie überblickt auf ihrem Heimweg den Park und lächelt mir zu. Tatsächlich grüßt mich an diesem schönen Abend jede einzelne Person, die an mir vorbeigeht, während ich mit meinem Notizbuch und Bleistift an einen Baum gelehnt stehe, mit einem Lächeln und einem Nicken. Ich frage mich, was sie wohl denken, was ich da tue. Sie denken vermutlich, ich sei ein altes Entchen, das seine Sachen macht. Wartet. Mit einem Hut, hinabgezogen bis zu den Augenbrauen, und einer Brille, die mir um den Hals hängt.

Ein Junge kommt zu spät, steigt von seinem Fahrrad und wirft es achtlos von sich. Es klappert über den Rasen und bleibt liegen. Er wirft seine Tasche hinterher und streift sich die Schuhe ab. Die grenzenlose Nachlässigkeit, mit der Jungs ihre Sachen fallen lassen, erfüllt mich immer wieder mit Staunen. Mehr als alles andere an ihnen gibt es mir zu verstehen, dass ich eine Frau bin.

Archie ruft bereits. Ich kann kein Wort von dem verstehen, was er sagt, und es ist mir auch egal. Ich kam her, ich bin hier, ich gucke zu. Ich bin im Dienst, auch wenn ich keine Ahnung habe, was genau vor sich geht. Die Jungs schreien und rennen und kicken in vorgegebenen Abläufen, die Luft ist voller fliegender Bälle. Ich schlafe im Stehen ein.

Der Himmel ist staubig und perlrosa. Zwei Regenbogenloris fliegen mit schrillem Gezwitscher vorbei. Ein Mond, ein paar Tage vor Vollmond, blass und flach wie eine Scheibe Käse, erscheint über den Ulmen. Es muss fast Ostern sein. Vor meinen Augen verschwimmt alles, und ich kann mich nicht konzentrieren. Der Abend bricht schnell herein. Werde ich nicht nur taub, sondern auch blind? Eine lange graue Wolke verschluckt den Mond.

Eine Frau mit einem Hund kommt ans Geländer: »Warum spielen sie im Dunkeln?«

In der zunehmenden Dämmerung erkenne ich sie zunächst nicht: Es ist Archies Mutter.

»Ich weiß es nicht! Sie sollten die großen Scheinwerfer einschalten!«

»Das ist Sache des Stadtrats von Melbourne. Wir haben uns beschwert, aber seitdem ist nichts passiert.«

»Schau dir das Team auf dem anderen Platz an«, sage ich verärgert, »der ist beleuchtet wie ein Rummel.«

Sie zuckt mit den Schultern: »Man braucht einen Draht zum König.«

Ein Dutzend Frauen mit grellen Stirnlampen joggen schwatzend an mir vorbei und verschwinden in der Dämmerung. Ich kann die Jungs nicht mehr erkennen, sie sind nur noch Schemen, die hin- und herrennen, aber ich kann sie keuchen und grunzen hören und das dumpfe Geräusch von Stiefeln auf Leder. Sie rennen wie verrückt, fast blind in der Dämmerung. Ich hasse das. Jemand wird sich verletzen. Mein Herz schlägt zu schnell. Es ist wie in der Oper, die wir in Bendigo gesehen haben, *Götterdämmerung*, als die brutalen Jäger in Schwarz über die Bühne brodelten, ein Rabe über ihnen schwebte und Hagen seinen Speer in Siegfrieds Rücken stieß.

Als ich eben beginne, in Panik zu geraten, durchbricht Archies klare Stimme die Stille: »Ihr könnt British Bulldog spielen oder nach Hause gehen.«

Die Jungen kommen keuchend vom Spielfeld, drängeln sich, sind aufgedreht. Niemand ist verletzt. Während sie ihre Sachen packen, hängt ein Typ, den ich hier noch nie gesehen habe, wie ein Faultier vom Geländer. Einer der Spieler sagt, er könne an Ostern nicht zum Training kommen, er gehe auf eine Party.

Das Faultier sagt laut: »Gehst du auf eine Party? Mitm Mädchen? Is sie ne Schlampe?«

Ich höre keine Antwort.

»Willst du ein schwuler Hundeficker sein?«, sagt das Faultier.

»Was?«

»Willst du ein schwuler Hundeficker sein?«

Der so Angesprochene dreht sich verächtlich um,

setzt seinen Helm auf und radelt auf der dunklen Straße davon.

Amby scheint nichts davon bemerkt zu haben. Im Auto auf dem Heimweg meint er gut gelaunt: »Nach dem Training willst du nur noch eine Schüssel heiße Suppe oder ein anständiges Steak.«

–

Über Ostern fährt die Familie an die Küste, ich bin allein zu Hause. Zum ersten Mal frage ich mich, ob dieses Buchprojekt ein Fehler ist. Verschwende ich meine Zeit? Mache ich mich lächerlich, betrete ich Männerterritorium, verstehe ich überhaupt, worum es ihnen eigentlich geht? Sind meine Beobachtungen oberflächlich, meine Einsichten banal? Ich verliere die Nerven. Weiß aber auch, dass ich bei allem, was ich je geschrieben habe oder zu schreiben versucht habe, ungefähr um diese Phase herum Angst bekam. Ich weiß, dass es dazugehört, dass ich einfach weitermachen muss, aber das zu wissen, hilft nicht.

Am Samstagabend möchte ich mir das Spiel der Bulldogs gegen Richmond ansehen. Es wird nicht im Free-TV übertragen. Ich gehe nach nebenan und versuche, es auf deren Fernseher einzustellen, aber Kayo, der Sportsender, fällt immer wieder aus, also renne ich nach Hause, schalte ABC774 ein und kauere mich während der zweiten Halbzeit atemlos neben mein knisterndes altes Transistorradio. Ich habe noch nie zuvor einer Radio-Fußballübertragung meine volle Aufmerksamkeit geschenkt, und mir wird klar, was für eine Kunst diese altmodische, rein mündliche Form der Kommentierung ist – mit dem Spiel Schritt zu halten, jeden Spieler beim Namen zu nennen, die Entscheidungen des Schiedsrichters zu erklären, jede Strategie, Taktik und Bewegung zu erkennen und zu benennen, um uns das Spiel in all seiner wilden Action nahezubringen: »Ein Tor aus dem Nichts, wie ein Versehen, dazu noch mit dem falschen Fuß geschossen!« Ich bin vom Spiel gebannt und stelle fest, dass ich, wenn ich die Namen unserer Spieler höre, sie sehen kann, mir ihre vertrauten Gesichter und Frisuren und Körper und Gesten vorstellen kann, so oft habe ich sie im Fernsehen gesehen. Meine Vorstellungskraft schärft sich im Laufe des Spiels. Ich bin verliebt in die Kommentatoren, in ihr Wissen, ihre Fähigkeiten, in ihre nasalen Stimmen, die unermüdlich schwärmen, in die an- und abschwellende Tonlage ihrer Emotionen.

Nach dem Schlusspfiff mache ich es mir mit einem Gin Tonic auf der Couch bequem und schaue mir *Im Westen nichts Neues* auf Netflix an. Ich schalte es zehn Minuten vor dem Ende aus, mitten in der letzten Bajonett-Attacke, zu der ein Haufen erschöpfter, verdreckter, wütender, kriegsversehrter junger Soldaten getrieben wird, auf Befehl eines Irren mit Beilgesicht und Pickelhaube, nachdem der Waffenstillstand schon unterzeichnet ist und die Feindseligkeiten eingestellt wurden. Ich kann nicht mehr. Ich weiß nicht einmal, warum ich mir das ansehe und mir die Freude verderbe, die Bulldogs bis zum Ende eines knappen Spiels gegen Richmond kämpfen und gewinnen gesehen zu haben.

–

»In den vergangenen Jahren«, sagt Amby, »war ich nie wirklich ein Tackler – aber es fühlt sich soooooo gut an, jemanden zu tackeln. Und dieses Jahr bin ich so eine Art Tackling-Maschine geworden! Das ist zumindest meine Meinung.«

»Was fühlt sich daran so gut an?«

»Es ist irgendwie, als würde man jemandem körperlichen Schaden zufügen, aber ohne wirklich böse zu sein. Es ist nur Tamtam, dann steht man auf und spielt weiter, und am Ende gibt man sich die Hand und niemand erinnert sich mehr an irgendwas.«

–

Am Donnerstag im Auto sagt Amby: »Ich kann es kaum erwarten, dass du ein Spiel siehst.«

»Warum?«

»Weil du sehen wirst, wie gut ich bin – nein, weil es viel aufregender und intensiver ist als Training. Besonders jetzt, weil wir echt gut sind. Wir fangen wirklich an, ein Team zu sein. Jahrelang mussten die Leute gelangweilt zusehen, wie wir verprügelt wurden. Aber jetzt werden sie ein gutes, kämpferisches Spiel sehen.«

18 Uhr, und jemand muss mit dem König gesprochen haben: Die großen Scheinwerfer an den himmelhohen Masten sind an. Sie sind so grell, dass ich meinen Hut aufbehalten muss, um meine Augen zu schützen. Alle sind aus den Osterferien zurück. Ich lasse mich auf meinem Posten nieder und lehne mich an einen Baumstamm am westlichen Ende, ungefähr dort, wo ich denke, dass der Forward Pocket spielt. Es wird jetzt so viel früher dunkel.

Ich stehe verträumt in der Dämmerung und höre mehr zu, als zuzusehen. Ich bemerke einen Ball, der unter der Außenkurve der Skateboard-Rampe eingeklemmt ist. Ich habe mir vorgenommen, niemals einen der Bälle aufzuheben, die während des Trainings über den Spielfeldrand kullern. Ich möchte nur stummer Zeuge sein und mich nicht einmischen, weder als Balljunge noch als Fan. Meine Anonymität scheint mir gelungen zu sein, denn von Anfang an hat mich kein einziger der Jungen angesehen oder scheint auch nur bemerkt zu haben, dass ich existiere. Ich habe immer ein Notizbuch dabei – das Emblem meiner Zunft –, aber ich halte mich stets fern, selbst wenn alle sich um Archie in der Nähe der Tore versammeln und ich nur zu gerne hören würde, was er ihnen sagt. Sie wissen nichts von meiner Existenz. Das macht mich frei. Ich bin ein Phantom in einem altmodischen braunen Mantel mit einem Strohhut auf dem Kopf. Heute Abend, denke ich, wird der gelbe Ball, der unter der Skateboard-Rampe steckt, vielleicht übersehen. Also schlendere ich hinüber, ziehe ihn heraus und hebe auf dem Rückweg zum Feld einen weiteren vom Gras auf. Ich bin zu klein, um einen Fußball in einer Hand zu halten. Das ärgert mich. Ich muss mein Notizbuch in der Manteltasche verstauen und die Bälle vor der Brust tragen. Hinter den Toren lasse ich sie fallen, ungeschickt wie ein Kleinkind.

Es war ein schöner Tag, nach einer grauen Woche mit Regen und Kälte und aufgedrehter Heizung. Die Luft ist mild, es weht kein Lüftchen: Es ist wie ein Hauch von unverdientem Luxus. Mein Lieblingsgebäude der Stadt ragt hinter der Reihe noch belaubter Ulmen auf, von hier aus perfekt zweidimensional, eine silberne Platte, die das restliche Tageslicht anzieht und es in einen ätherisch-mineralischen Schimmer verwandelt.

Laufübungen, hin und her, Archie brüllt und zählt von fünfzehn an rückwärts. Ich kenne immer noch kaum einen ihrer Namen. Mein nachlassendes Gedächtnis weigert sich, sie abzuheften. Aber einige stechen hervor. Viele Jungen rennen ambitioniert, fleißig, geben sich viel Mühe, aber Tommy, der bringt eine unglaubliche Startgeschwindigkeit, scheinbar ohne sich anzustrengen. Er ist leichtfüßig, sein drahtiger Körper wirkt schwerelos, er ist immer vorne mit dabei.

Und sein jüngerer Bruder Ned, so dünn und flink, kann sich ducken und aus allem herauswinden und mit dem Ball in der Hand wieder auftauchen. Dabei leuchtet sein weißblondes Haar selbst im dunkelsten Winkel des Feldes. Angus fällt mir wegen seines Ohrrings auf. Er ist groß und schlank und verträumt, manchmal muss man ihn wecken, um ihn daran zu erinnern, was er zu tun hat. Remy ist kompakter, sein dunkles Haar ist oben zu einer dicken Masse geballt und über den Wangen radikal rasiert. Er ist eine beeindruckende Erscheinung, sehr konzentriert. Mit seiner hellen Stimme fordert er immer den Ball: Sie vertrauen ihm und schauen zu ihm auf.

Ein alter Mann schlurft vorbei, lange, strähnige weiße Haare unter seiner Mütze, auf seinem dunkelblauen Kapuzenpullover steht die Aufschrift »CHEER SQUAD MEMBER«. Ein Jogger humpelt dahin, in Schuhen, die ihm viel zu groß sind. Am westlichen Himmel über dem Fluss zeigt sich das letzte sanfte Abendrot; und mit dem Abendrot schwindet auch die

Wärme. Die Süße der dunklen Luft, der Duft von Gras. Und immer wieder das gnadenlose Blinken der großen gelben Warnlichter an den Kränen und Baggern, die spätabends am Tunnel neben der Bahnlinie arbeiten.

Heute gibt es keine Handballübungen, nur das beharrliche Laufen und später den »Wettkampf«: Die Jungen laufen paarweise nebeneinander, schieben und schubsen und schreien und kämpfen darum, einen Ball zu erobern, den ein dritter Junge in ihre Richtung getreten hat. »*Moine. Moine. Moine. Moine*«, rufen sie. Ich könnte das die ganze Nacht lang beobachten.

Jetzt sollen sie gegen die U18 antreten, von denen einige Leibchen in Pastellfarben tragen. Archie wirft den U16-Spielern Warnwesten zu, die sie sich überziehen. Es ist nur ein Trainingsspiel, das aber über das gesamte Feld geht. Und irgendwie spielt sich die Action immer auf der anderen Seite des Ovals ab. Aus Erfahrung weiß ich, dass es keinen Sinn hat, den ganzen Weg um das Spielfeld herumzulatschen. Sobald ich näherkomme, um zu sehen, was da vorgeht, wird sich das Geschehen verlagern – dorthin, wo ich zuvor gestanden bin. Also setze ich mich auf halber Strecke auf die geschwungene Rückenlehne der einzigen Bank und schaue wie in einem Traum zu, wie die Jungs sich im Dämmerlicht abmühen, bis sie um halb acht alle langsamer werden und sich die Hände reichen.

Es ist vorbei, sie gehen ihr Zeug holen und fahren nach Hause.

War mir langweilig? Nein, ich würde es nicht als Langeweile bezeichnen, es war zu beschaulich und behaglich. Aber ich kann auch nicht sagen, dass ich nachgedacht habe.

–

Unten in St. Kilda, im Galleon, esse ich mit einem alten Journalistenfreund zu Mittag. Ich erzähle ihm, worüber ich schreibe. Er sagt, dass er seit seinem elften Lebensjahr jede Woche in jeder Saison mit denselben vier Leuten zum Essendon-Spiel geht.

»Toll«, sage ich. »Dann kannst du mir ja die Änderungen der Auswechselregel erklären.«

»Das kann ich«, antwortet er und strafft sich, »und das werde ich auch.«

Er erklärt es mir glasklar. Endlich verstehe ich. Gehe nach Hause, mit all dem Faktenwissen, das mir normalerweise fehlt. Am nächsten Morgen kann ich mich an nichts mehr erinnern, was er gesagt hat.

Meine männlichen Bekannten sind ganz aus dem Häuschen, wenn ich ihnen sage, dass ich versuche, über Footy zu schreiben. Du solltest dies tun! Du solltest das tun! Ich nehme dich mit ins MCG-Stadion! Du solltest mit Soundso reden! Hast du dies oder jenes gelesen? Ich glaube, sie stellen sich vor, wie sie selbst so ein Buch schreiben würden. Ihre Bücher wären voller Fakten und Statistiken und Namen und Erinnerungen. Sie sind mit Footy aufgewachsen, wurden von ihm geprägt. Ich kann es nicht auf ihre Art machen. Ich weiß nicht, auf welche Art. Ich werde panisch. Das Einzige, was mir einfällt, ist zu sagen: »Es wird das Buch einer Granny über Footy sein.« Kurze Stille folgt.

Ich kann einen obskuren Fußballwitz erzählen –

zum Beispiel den über das Schild an der Kirche in einem der östlichen Vororte. Auf dem Schild steht: »Was würden Sie tun, wenn Christus nach Hawthorn käme?«, und irgendein Witzbold hat darüber gesprayt: »Peter Hudson als Mittelstürmer bringen.« Oder die Zeichnung von Ron Tandberg, die einen winzigen Hubschrauber zeigt, der über der Stadt kreist und ein Banner mit der Aufschrift »Jezza ist raus. Geht nach Hause« hinter sich herzieht.

Nie vergesse ich den Moment im Jahr 2000, als Footy den ersten Pfeil in mein Herz schoss.

Ich war nach sieben Jahren Sydney nach Melbourne zurückgekehrt, ausgelaugt, wieder Single, eine verlorene Seele im inneren Westen. Eines Nachts sah ich in meinem Mietshaus im Fernsehen eine Doku mit dem Titel *Year of the Dogs.* Die hat mein Leben verändert. Sie war einige Jahre zuvor gedreht worden, zu einer Zeit, als der Australian-Rules-Code landesweit eingeführt wurde. Kleinere Teams wurden zusammengelegt, umbenannt, in andere Bundesstaaten verlegt. Verloren so ihre lebenswichtigen Verbindungen zu den Arbeitervororten von Melbourne, aus denen sie stammten. Die Anhänger der Clubs waren untröstlich. Ehrlich gesagt, war das für mich von geringem Interesse. Aber dann erklärte der Kapitän des angeschlagenen, verarmten Footscray Football Club – dem offiziellen Namen der Western Bulldogs –, ein bescheiden wirkender Mann, mit einem Profil wie auf einer Münze, warum er ein Angebot eines bekannteren, erfolgreicheren Clubs abgelehnt hatte. Er sagte: »Ich habe einen Brief von einem kleinen Jungen bekommen. ›Lieber Chris Grant, bitte geh nicht. Ich habe nicht viel Geld. Das ist alles, was ich geben kann.‹ Und er hatte ein

Fünfzigcentstück mit Klebeband auf den Brief geklebt. Da konnte ich natürlich nicht gehen, oder?«

Ich stand von der Couch auf, ging mit meiner Kreditkarte direkt zum Computer und trat seinem Club bei.

–

Beim Abendessen am Donnerstagabend nach Ambys Training ist sein großer Bruder, der den ganzen Nachmittag mit seinem Freund Schach gespielt hat, fröhlich und gesprächig.

Am Tisch sagt er: »Das ist wahrscheinlich eine dumme Frage, aber – gibt es noch etwas anderes als Seife, das ich unter der Dusche benutzen sollte? Es gibt so viele Tuben und kleine Flaschen – gibt es etwas, das ich nicht kenne?«

Seine Mutter und ich beruhigen ihn in dieser Hinsicht. Wir reißen ein paar Witze über Frauen und ihre »wertvollen Salben und Cremes«, dann folgt eine Diskussion über Shampoo, ob es wirklich so toll ist oder ob es dem Haar schadet. Wir vergleichen Haartypen, deren Probleme und Vorteile.

Währenddessen sitzt Amby schweigend, erschöpft und schlammverschmiert am Tisch, weil er zwischen Training und Abendessen keine Zeit zum Waschen hatte. Vor einer Stunde ist nach einem Zweikampf ein großer U18-Spieler auf seinem Kopf gelandet. Jedes Mal, wenn ich ihn ruhig und blass und schmerzgeplagt sitzen sehe, wie er isst, aber in einer anderen Welt lebt, gibt es mir einen Stich ins Herz. Muss er sich jedes Mal, wenn er trainiert oder spielt, dazu Mut machen? Wenn ich ihn zum Training fahre, halte ich auf der Straße neben dem Park an, er schnappt sich seine Tasche, springt ohne ein Wort oder einen Blick zurück aus dem Auto und rennt los. Ich bleibe zehn Minuten im Auto, damit er Zeit hat, allein anzukommen. Ohne seine Großmutter und ihre Ängste.

–

Am Samstagmorgen gegen acht Uhr füttere ich die Hühner und gehe nach nebenan. In der Küche ist niemand, nur der Hund, der auf der Couch aufwacht und mich mit einem flehenden Blick ansieht, während er sich streckt. Auf der Bank verschmierte Butter und Brotreste. Ambys Zimmer gleicht einem Schlachtfeld, die Tür steht weit offen. Draußen vor dem Haus steht kein Auto. Wo sind sie alle? Habe ich etwas vergessen, sind sie ohne mich gegangen? Oder haben sie vergessen, mir davon zu erzählen? Ein kleiner Anflug von Verzweiflung. Es ist egal, ob ich da bin oder nicht. Niemand braucht mich. Ich bin entbehrlich, bin nur ein Zaungast. Einer dieser sporadischen Tiefschläge, die Großeltern ertragen müssen. Du machst einen schweren Fehler, wenn du anfängst zu glauben, dass du dich in der Nähe des Zentrums befindest. Du bist eine Randfigur.

Ein Dienstbote. Ein Mitläufer. Und bald bist du tot.

Ich tätige ein paar Anrufe und erfahre, dass Amby seine Schicht bei *Cheaper Buy Miles* in der Racecourse Road angetreten hat. Meine Lebensfreude kehrt zurück, und ich mache mich auf den Weg zur Hausarztpraxis, um meine Grippeimpfung zu bekommen. Ich bin die Erste in der Warteschlange! Und noch besser: Der Typ mittleren Alters hinter mir muss 45 Dollar für seine Impfung bezahlen, während meine, weil ich achtzig bin, kostenlos ist.

–

Port Adelaide hat die Bulldogs besiegt, in einem sehenswerten Spiel im Adelaide Oval, bei strömendem Regen, der den Boden so rutschig gemacht hat, dass die armen Kerle kaum auf den Beinen bleiben oder den Ball festhalten konnten.

»Ein neuer Ball in jedem Viertel«, sagt Ambys Vater. »Wenn er so nass ist, gleicht er einem Stück Seife.«

Bontempelli ist der Beste auf dem Feld. Weightman ist nach seiner Verletzung zurück: Er hat einen fantastischen Schuss und erzielt vier Tore. Er hat auch einen überkandidelten Haarschnitt, einige Partien sind rasiert, einige sind oben zu einem Knoten zusammengesteckt, der Rest hängt nass nach hinten. Was ist mit seinem hübschen, jugendlichen Aussehen passiert? Er hat irgendwie zugenommen, im Gesicht sieht er verhärtet aus. Er ist ein richtiger Mann geworden, aber immer noch der wunderbare kleine Wirbelwind. Eifrig, stark und super-begeistert. Während er wartet, tanzt er leichtfüßig von einem Fuß auf den anderen.

Nach der Schlusssirene beugt sich Amby mit seinem Handy zu mir auf den Boden und flüstert: »Schau dir das an. Guck auf seinen Schwanz.«

Es ist ein winziges Video von Weightman, der nach einem Tackling auf die Beine kommt. Sein Penis hängt aus den Shorts heraus. Er steckt ihn blitzschnell wieder hinein. Wir stoßen ein gedämpftes Schnauben vor Schock und Lachen aus und hoffen, dass sein

Schamgefühl ihn nicht allzu sehr plagt. Die Schlagzeile zu diesem *Speccy* ist frivol: »Weightman-Hammer zieht Hänger nach sich.«

Als er später wegen seines Malheurs aufgezogen wird, entgegnet er höflich: »Was ich getan habe, tat ich für mein Land.«

–

Heute Abend gibt es Suppe, wir gehen entlang der Bahnlinie zum Pho House. Ambys Bruder unterhält sich ausführlich mit seinen Eltern, ich bilde mit Amby das Schlusslicht. Seine Mutter hat ihm kürzlich die Haare nachgeschnitten, es sieht besser aus. Und sagt mir, dass er glaubt, seine Chance verpasst zu haben, »in die Liga einzusteigen«. Ich verstehe nicht ganz, er wiederholt es, und ich verstehe immer noch nicht.

»Hast du gehofft, in der Australian Football League zu spielen?«

»Ja, aber ich bin nicht groß genug, nicht schnell genug und zu faul.«

»Faul? Du kommst mir nicht faul vor.«

»Ich meine, ich bin nicht ...«

»Besessen?«

»Ja.«

Er scheint nicht unglücklich über diese verpasste Chance zu sein, um welche auch immer es sich gehandelt haben mag. In meinem Herzen spüre ich Erleichterung. Er wird nicht verletzt werden.

–

Am Donnerstag kommt meine Saxofon spielende

Schwester mit zum Training. Sie ist ein Fan von Geelong und weiß so viel mehr über Australian Football als ich, dass ich richtig neidisch werde. Wenn sie ihre Spielanalysen und Einzelkritiken voller Fachwortschatz vor mir runterrattert, verliere ich jede Zuversicht. Am liebsten möchte ich sagen: »Warum schreibst denn nicht du dieses verdammte Buch, Klugscheißerin?« Sie erzählt mir, dass Amby zu ihr sagte, bevor er aufs Feld lief: »Mit dieser Frisur hab ich noch nie trainiert.« Als wir aufgehört haben zu lachen, erwähnt sie, dass seine große Schwester, die einstige Sturmmaschine ihres Universitätsteams, ihr gesagt hat, Amby sei als Fußballer »ein bisschen eitel«. Aber sobald das Training beginnt, verschwindet das Grinsen aus ihrem Gesicht.

»Er ist gut«, sagt sie mit leiser Stimme.

Und das ist er auch – er ist stark und leidenschaftlich, sein Schuss ist kraftvoll und gut gezielt, und alles, was er tut, sieht ernsthaft und selbstbewusst aus.

Während wir zuschauen, erzählt sie mir, was am Flughafen passiert ist. Die Band, in der sie spielt, stand in der Schlange bei der Sicherheitskontrolle. Alle Welt war auf dem Weg nach Adelaide zum sogenannten Gather Round der Australian Football League, und plötzlich erkannte sie den Mann neben sich. Es war Jamarra Ugle-Hagan. »Er hatte Ohrstöpsel drin und starrte auf sein Handy. Er ist riesig! Ich hatte ihn mir kleiner vorgestellt, eher so wie Eddie Betts – aber er muss fast zwei Meter groß sein.«

Weiter vorne in der Schlange, sagt sie, standen noch mehr Bulldogs. Der Tontechniker ihrer Band, ein Dogs-Fan, berichtete ihr, dass insbesondere Bont sich charmant und umgänglich gegenüber Fremden verhielt, sich auf Selfies einließ und alle Mitreisenden in gute Laune versetzte. »Ich finde, dass es in jeder Flughafen-Warteschlange AFL-Spieler geben sollte«, sagt sie, »um Geduld und gute Laune im ganzen Land zu verbreiten.«

Archies Vater samt Hund stellt sich neben uns ans Geländer. Er erzählt, dass Trainer eine Erste-Hilfe-Ausbildung haben müssen.

»Die meisten Trainer sind Eltern von Spielern, die das ehrenamtlich machen. Selbst auf dieser unteren Ebene des Fußballs kann ein Spiel erst beginnen, wenn zwei registrierte Trainer anwesend sind, mit ihren Medizinkits – während beim Training selbst niemand anwesend sein muss. Der Coach ist komplett auf sich allein gestellt. Stellen Sie sich vor, was passieren könnte – hier im Dunkeln zum Beispiel.«

Wie aufs Stichwort geht das Flutlicht an. Während ich Archies Vater zuhöre, wende ich den Blick vom Spielfeld ab, anders als er.

»Hast du das gesehen?«, fragt er. »Was Arch gerade gemacht hat? Er hat einen Torpedo geschossen – einen wunderschönen Torpedo –, so einen, den jeder Spieler so hinbekommen will. Die Jungs standen einfach nur da und haben zugesehen, wie das Ding über den Platz flog.«

Er ahmt einen verzückten, offenen Mund nach. »Das macht er nur einmal.« Er lacht. »Ein einziges Mal. Aber sie werden sich daran erinnern.«

–

Die Bulldogs haben Fremantle vernichtend geschlagen. Ich weiß gar nicht wie, denn wir haben so oft danebengeschossen. Ein überwältigend schnelles und wildes Spiel. Die Art von Spiel, bei der ich mit den Armen um den Kopf auf dem Boden sitze. Als ein paar große Dockers-Typen Caleb Daniel aufmischen, brüllt Ambys Vater: »Ihr verdammten Riesenarschgesichter!«

–

Eine Stunde, bevor wir zu Ambys erstem richtigen Spiel der Saison aufbrechen, kratze ich Scheiße aus dem Schlafplatz der Hühner und bemerke, wie Amby sich bückt und etwas auf den Ziegeln bei der Wäscheleine untersucht.

»Was ist da?«

»Eine Wespe und eine Biene, die kämpfen.«

Ich komme näher. Die Wespe fliegt davon. Wir bleiben in der Hocke. Ich gebe zu, dass ich eine Wespe nicht von einem Loch im Boden unterscheiden könnte.

»Sie sind intensiver gefärbt als Bienen.«

Die Wespe kehrt auf ihrer unberechenbaren Flugbahn zum Kampfplatz zurück. Wir beugen uns tiefer hinunter.

»Oh ja. Ich kann ihre Streifen sehen. Meine Güte, sie bringt die Biene wirklich um.«

Die Biene bewegt sich kaum noch, versucht, sich wegzudrehen, aber die Wespe ist schwerer und stärker und hat die Situation fest im Griff.

»Ist das ungefähr so, wenn man getackelt wird?«

»Nein«, sagt er. »Du wirst dabei nicht totgestochen.«

–

Auf der Fahrt Richtung Westen nach Sunshine zum Spiel ist Amby auf dem Rücksitz still und ziemlich blass – groß, kräftig, breite Schultern, lange nackte Beine. Viele der Häuser, an denen wir vorbeifahren, mit ihren pastellfarbenen Asbestwänden, unaufgeräumten Höfen und Eingängen ohne Gatter, kommen mir bekannt vor. »Ich mag es hier draußen. Es erinnert mich an Ocean Grove.« Es ist die Vergangenheit, an die es mich erinnert, meine Kindheit, in den 40er- und 50er-Jahren. An einem Bahnübergang halten wir neben einem leer stehenden Haus. Es wird teilweise von einem Plakat verdeckt, das für die großen, grauen Wohnungen wirbt, die hier gebaut werden sollen. Dieses dem Untergang geweihte Haus berührt mich schmerzlich. Gebüsch drückt sich an seine Fenster, alte Ziegel liegen herum, ein rostiges Fass; die Auffahrt besteht aus von Reifen platt gedrücktem Schlamm mit Spuren von Grün. Was mache ich hier draußen? Was werde ich sagen, wenn mich jemand fragt? »Ich gehöre zu den Colts. Bin als Beobachterin dabei.«

Und da sind sie, die Colts U16, die sich in einem kleinen Betonhof neben dem Sunshine-Clubhaus aufwärmen, alle in ihren Team-Pullovern, sauber und einsatzbereit, die Haare gewaschen, die Gesichter strahlend, aber betont ungerührt. Ich bin es nicht gewohnt, sie bei Tageslicht zu sehen. Wie jung sie aussehen, wie glatt, faltenlos! Sie haben Männerstimmen, aber Jungengesichter. Xavier hat sich den Pferdeschwanz abgeschnitten. Aidens langer Vokuhila fällt in einer fließenden Kurve in den Nacken, als wäre er geföhnt. Archie kommt mit einer Mappe vor der Brust auf sie zu, die Kappe verkehrt herum auf dem Kopf, mit blassem Gesicht, aber lächelnd.

Ich finde einen Platz am Zaun, in der Nähe einer Frau mit einem winzigen schwarzen Pudel an einer ausziehbaren Leine. Kleine Jungen kommen paarweise vorbei, immer einer mit Ball, die Köpfe zusammen für wichtige Besprechungen. Das Oval ist in gutem Zustand; es hat diese leicht gewölbte Form, die einem das Gefühl gibt, die Krümmung des Planeten zu sehen.

Ich höre hinter mir ein Knirschen von Stollenschuhen auf dem Beton und drehe mich rechtzeitig um, um zu sehen, wie die Colts eine Reihe bilden und auf das Spielfeld zuschreiten. Unsere Jungs. Mein Gott, das sind Männer, in ihren vertikalen Streifen und weißen Shorts, selbst die kleinen, dünnen sind bereits Männer: Es ist die Gruppenzugehörigkeit, die sie zu Männern macht, sie bewegen sich zielstrebig in einem massiven Block. Warum ist mir nach Weinen zumute?

Die Sirene ertönt, Anstoß, die Jungs schwärmen in alle Richtungen aus, und ich – bin verloren. Ambys Vater steht neben mir, verfolgt das Geschehen mit seinem erfahrenen Blick, gibt Kommentare ab, stößt gelegentlich einen Jubelruf oder ein Stöhnen aus, aber ich – bin in Panik. Das Feld ist zu riesig, ich bin zu klein, meine Augen sind nicht mehr gut, ich kann niemanden erkennen, kann nicht verstehen, was passiert. Ich bräuchte Fernsehen, gib mir ein TV-Format – die bearbeitete und verpackte Version des Spiels mit seinen überallhin schwenkenden Kameras und Nahaufnahmen und Luftaufnahmen und Kommentatoren, die mir Namen nennen, Manöver erklären und zu allem eine Meinung haben, Stimmen, die alles wissen – von denen ich völlig abhängig bin.

Oh, es ist hoffnungslos, und ich muss eingestehen, dass ich immer nach Amby Ausschau halte. Ich will mich zwingen, das Spiel mit größerem Abstand zu betrachten, aber ich kenne die Form seiner Schultern, seinen Laufstil, und da kommt er, löst sich aus einer Gruppe, hält den Ball nach vorne und tief, läuft mit langen Schritten, dann holt er aus und kickt ihn über den Flügel.

Nach dem ersten Viertel schleiche ich mich zu Archie, möchte seine befehlende Stimme hören, jemanden, der es für mich auf die Reihe kriegt, das Schauspiel zu bewältigen, dieses Spektakel, das ich mir so sehr zu sehen gewünscht hatte. Die Jungs keuchen, drängen sich, Schulter an Schulter, vor ihm zusammen. Amby ist ganz hinten. Sein Gesicht schockiert mich, so tiefrot, mit offenem Mund, schweißüberströmt: Was ich sehe, ist ein Mann.

»Wenn ihr einen Mark schafft«, sagt Archie, »kickt den Ball nicht einfach nur Richtung Tor! Das ist es, was sie von uns wollen! Sie werden ihn abfangen! Lasst uns Ruhe bewahren! Nehmt euch Zeit!«

Angus, ohne seinen Ohrring, steht rechts neben dem Trainer und blickt in die Ferne – hört er überhaupt zu? »Komm nach vorne, Angus – komm nach vorne.« Der Junge gehorcht widerwillig. Ärgert ihn etwas?

Archies klare, kräftige Stimme mahnt: »Tackling – das ist kein Rumgetatsche!« Er demonstriert es und schlägt mit seinen Handflächen sinnlos auf Brust und Schultern des nächststehenden Jungen ein. »Ihr müsst auf ihre Hüften zielen! Bringt sie zu Fall! Außerdem sehe ich Leute mit hängenden Köpfen! Die innerlich schon aufgegeben haben, deprimiert, weil ihnen kein Tor gelungen ist – das ist Bullshit! Gebt niemals auf! Wir liegen fünf Tore zurück, aber wir können das noch gewinnen! Wir sind ein besseres Team als sie. Wenn sie gewinnen, dann, weil sie härter arbeiten.«

Ach ja?

Die Sirene ertönt, und ich versuche, analytisch zu beobachten, statt wie in Trance zu glotzen. Archie hat recht. Die Sunshine-Jungs geben sich mehr Mühe, sie sind schwerer, schneller und entschlossener in den Zweikämpfen. Einige der Colts scheinen sich im entscheidenden Moment zurückzuhalten. Haben sie Angst, verletzt zu werden? Wer hätte die nicht?

»Sie sollten sich wenigstens dem Kampf stellen«, murmelt Ambys Vater. »Der Luftkampf findet praktisch nicht statt – da fehlt jeglicher Wille, den Ball unbedingt zu erobern!«

Archie wendet sich frustriert vom Spielfeld ab und presst sich die Fäuste vor die Augen. Sie sind uns haushoch überlegen und schießen ein Tor nach dem anderen. Und dennoch, einige der Colts, sogar ich bekomme das mit, bäumen sich auf, geben alles, was sie haben. Sie bringen den Ball bis zu unserer Stürmerreihe, doch ab da geht alles schief. Ich verstehe so in etwa, weshalb wir verlieren, nach dem Schlusspfiff sagen alle um mich herum dasselbe, also bin ich vielleicht doch nicht so ahnungslos, wie ich dachte.

Amby bekommt im Auto auf dem Heimweg den Beifahrersitz, den Ehrenplatz. Er ist sehr still. Er hat an beiden Ellbogen blutige Schürfwunden, 15 cm lang.

Sein Vater lobt die Leistung seines Sohnes. Das Lob

ist aufrichtig und verdient: Er hat mutig und geschickt gespielt und nicht aufgegeben. Sie beginnen, das Spiel zu analysieren, nebeneinander auf den Vordersitzen. Ich beuge mich vor, aber das Radio ist laut gestellt, überträgt ein anderes Spiel, übertönt, was sie sagen. Ich fühle mich alt und taub und eingeschüchtert, auf dem Rücksitz mit dem Hund.

Am nächsten Abend, nach dem Abendessen, als der Tisch mit abgenagten Knochen übersät ist, kommt Ambys Vater mit Erinnerungen an seine eigenen jugendlichen Footyjahre. Sie tauschen sich über Manndeckung aus.

»Einmal«, sagt er, »hat mich dieser Typ getaggt und mich immer wieder gekniffen, weißt du? Wie, fragt man sich, kommt der Typ an dieses Stück Haut um deine Taille? Und kneift dich?«

Wie bitte? Es wird gekniffen? Ist das nicht irgendwie mädchenhaft? Ist das erlaubt?

»Am Ende«, sagt er, »habe ich die Beherrschung verloren. Hab meinen Arm so nach hinten geschleudert und ihn niedergeschlagen. Dann habe ich ihm noch eine mitgegeben. Das gab eine Strafe. Aber danach hat der Typ mich nie wieder gekniffen. Versteht mich nicht falsch – ich bin nicht für Gewalt, aber ...«

Amby beugt sich vor: »Aber so fühle ich mich die ganze Zeit. Ich meine nicht nur beim Footy. Ich hätte wirklich Lust, zu ...« Er bleckt die Zähne, streckt beide Arme aus und macht Gesten, als schlüge oder erwürge er jemanden. Wir lachen alle, aber gedämpft. Ich nehme an, sie würden noch ganz anders reden, wenn ich nicht dabei wäre.

–

Beim Training am Montag fühle ich mich nicht ganz auf der Höhe. Wahrscheinlich ist eine Erkältung im Anflug.

Archie nimmt die Schuld für die Niederlage auf sich. Er glaubt, der gegnerische Trainer habe ihn ausgetrickst. »Er trainiert diese Kinder, seit sie acht Jahre alt sind. Ich hab meine Jungs erst seit ein paar Monaten.«

Sie machen sich an die Arbeit und absolvieren ihre Übungen gewissenhaft. Kicken und Fangen – ich liebe es, wie sie dem ankommenden Ball entgegenspringen, um ihn auf ihre Brust zu bekommen. Mir ist ein Junge namens Boof aufgefallen. Er ist ziemlich stämmig, mit kurzen Beinen und einem niedrigen Schwerpunkt, also kein typischer AFL-Körperbau. Er hat eine feine mediterrane Nase, dichte dunkle Locken und wie Remy eine tragende Stimme und starke Präsenz. Die Jungs legen Wert darauf, von ihm wahrgenommen zu werden.

Archies Vater ist heute Abend gekommen, um seiner Tochter beim Training mit dem Mädchenfußballteam zuzusehen, das sie coacht: »Viele der Mädchen kommen vom Netball. Wenn man sie fragt, was ihnen am Footy am besten gefällt, sagen sie: ›Tackling. Ich liebe Tackling!‹«

Ich frage ihn, warum Angus gestern beim Spiel ausgewechselt wurde.

»Ich weiß nicht. Arch findet, dass Angus ein wirklich guter Spieler ist. Er ist groß, schnell und stark, aber er neigt dazu, die Konzentration zu verlieren. Manchmal läuft er einfach los, ohne Plan, steht neben sich. Als Ambys Vater und ich noch spielten, wurden alle aus Prinzip gleich behandelt. Heutzutage muss der Trainer erfolgsorientierter handeln. Und Arch – nun ja, er ist smart, aber eben doch erst zwanzig.«

–

Ich fühle mich nicht so gut. Ich kann nichts riechen oder schmecken. Ich mache einen Coronatest. Oh verdammt. Ich bin bis oben hin geimpft, aber ich habe es mir eingefangen. Ein halbes Dutzend Warnanrufe kommt von Leuten, die auch bei dieser verfluchten Ausstellungseröffnung letzte Woche waren. Anscheinend muss man sich nicht mehr isolieren, aber ich bleibe trotzdem zu Hause. Ich habe ein paar antivirale Medikamente, die sollen schnell wirken.

Am Samstag, alleine zu Hause, habe ich wieder mein altes Transistorradio eingeschaltet. Dogs gegen Hawks auf 3AW. Von den Hawthorn-Spielern kenne ich keinen einzigen, aber sobald die Kommentatoren die Namen der Bulldogs nennen, taucht einer nach dem anderen aus dem Radio-Grau vor mir auf, im Glanz ihrer himmelblauen Trikots. Die Kommentatoren müssen älteren Jahrgangs sein – welcher junge Mensch würde schon rufen: »Hoooooooooo! Bailey Smith! Rapunzel lässt sein Haar herunter!« In diesem Moment gebe ich mich ganz der Nostalgie des Radios hin, seinem ganz eigenen Zauber, zu unterhalten und zu informieren – und mir kommt eine lebensgroße Skulptur in den Sinn, die ich einmal im Innenhof des Franklin Delano Roosevelt Museum in Washington, D. C., gesehen habe: ein kleiner Tisch mit einem drahtlosen Radio darauf und ein Mann in Arbeitskleidung, der nach vorne gebeugt auf einem Küchenstuhl saß, das Kinn in der Hand, sehr konzentriert der Stimme von Präsident Roosevelt lauschte.

Die anderen sind zum Spiel ins Marvel Stadium gegangen, also kreische und juble ich allein, während ein paar Türen weiter die Stampfmusik einer Party zum achtzehnten Geburtstag dröhnt. Zur Halbzeit stand es fast unentschieden. Am Ende haben wir mit neunundzwanzig Punkten gewonnen, und die Bulldogs sind »wieder fett im Geschäft«, wie die Kommentatoren es ausdrücken, in dem leicht peinlichen Tonfall alter Säcke, die einen hippen Spruch verwenden.

Später setze ich meine Maske auf und gehe nach nebenan, wo ich Amby und seinen Vater in Bulldogs-Farben vorfinde, ganz von der Wiederholung des Spiels in Anspruch genommen. Auf dem großen Bildschirm in ihrer Küche sehe ich die mächtige Gestalt von Bontempelli im Flug, ein Erzengel aus einem Werk von Blake oder Milton, ganz kristallin und überirdisch – dazu das Blau des Bulldog-Trikots! So intensiv, so köstlich, so himmlisch.

–

Sonntag. Der Test ist negativ. Ich schaffe es früh genug in den Park, um das Spiel der Colts zu sehen. Es ist der frischeste, sonnigste, zauberhafteste Herbstnachmittag, den man sich denken kann. Es geht gegen die Werribee Centrals. Noch spielen die Juniorenmannschaften. Als ich um das Oval herumlaufe, humpelt ein geknickt wirkender Junge von etwa zehn Jahren an mir vorbei in Richtung Straße und stützt sich dabei auf die Schulter seiner Mutter. Ein Trainer, der neben ihnen hergeht, sagt: »Ihr müsst in der Klinik anrufen. Sagt Bescheid, dass ihr kommt. Wenn ihr direkt in die Notaufnahme geht, sitzt ihr dort erst mal sechs Stunden lang rum.«

Ich schaue mir gerne die jüngeren Kinder an. Sie sind langsamer, und ich kann manchmal lesen, was sie tun oder versuchen zu tun. Gegen Ende des Spiels bekomme ich zum ersten Mal aus der Nähe zu sehen, was Shepherding genannt wird oder was ich dafür halte: Ein Junge streckt beide Arme zu einem T aus und dreht den Gegnern, die auf seinen Teamkollegen, der den Ball hat, zustürmen, den Rücken zu. Er steht breitbeinig da, lehnt sich gegen die Angreifer und hält sie mit bloßer Kraft und Entschlossenheit in Schach – wie ein Deich, der eine Flut verhindert. Ich stoße einen Jubelschrei aus.

Die U16-Mannschaft läuft aus der Kabine: das trockene, seltsam dumpfe Geräusch von Stollen auf Beton, wie das der ersten schweren Tropfen eines heftigen Regenschauers. Ihr Spiel ist wie immer schwierig für mich zu sehen und zu verstehen, vor allem wenn sie auf der anderen Seite des Ovals herumrennen, all diese Tupfen mit Nummern auf dem Rücken, aber ab und zu kann ich Amby ausmachen. Er spielt heute Mittelfeld, und ich kann nicht glauben, wie hoch er springen kann, um beim Anstoß den Ball zu erreichen.

Kaum hat das dritte Viertel begonnen, wird das Spiel für eine Zählung unterbrochen. Waaas? Die haben einen Spieler mehr auf dem Feld als wir. Einer aus dem Team von Werribee rennt vom Spielfeld. Bevor die ungleiche Anzahl bemerkt wurde, hatte Werribee drei Tore geschossen.

»Früher«, sagt Ambys Vater, »bekam man alle Punkte aberkannt, wenn man einen zusätzlichen Spieler auf dem Feld hatte. Wie es heute ist, weiß ich nicht.«

Kurz vor der Sirene zum letzten Viertel, als die Colts mit einem deutlichen Vorsprung in Führung liegen, erhält Amby einen Freistoß in Tornähe. Er bringt ihn in Position und tritt zu, und während alle Augen auf die Flugbahn des Balls gerichtet sind, ertönt die Sirene, der Schuss geht daneben – und unten auf dem Torplatz, zwanzig Meter vom Spielfeldrand, wo Ambys Vater und ich stehen, passiert etwas. Die Hölle bricht los, und zwei Dutzend Jungen ringen und schubsen und zerren an Pullovern, zerren an Schultern und Oberarmen, rollen auf dem Boden und versuchen, sich gegenseitig zu zerquetschen und zu ersticken. Es ist so heftig und wild, dass die Zuschauer wie erstarrt dastehen. Die Schiedsrichter sind unsichtbar, ihre Pfeifen ertönen nur schwach.

Eine Frau hinter mir sagt: »Die sind so voller Testosteron – ich weiß nicht, wie man erwarten kann, dass sie sich im Griff haben –, sie werden dafür gelobt, dass sie hart spielen, und wenn sie dann über die Stränge schlagen, weiß niemand, was zu tun ist!« Aus der kleinen Gruppe von Fans beider Teams stürmen Menschen mit irgendeiner Art von Autorität herbei und trennen den Pulk.

Während der Friede wiederhergestellt wird, brüllen die Werribee-Spieler im Chor: »Nummer vier! Vier! Vier!« – das ist unser Flügelmann Meth, langbeinig, furchtlos und schnell, mit einer Vokuhila-Frisur aus dunklen Locken und einem ironischen Grinsen. Wahrscheinlich hat er noch nie in seinem Leben eine

Regel gebrochen. Der Schiedsrichter zeigt auf ihn, und er trottet achselzuckend davon, nimmt die Schuld seines Teams auf sich.

Nach dem Schlusspfiff eilen wir in die Umkleidekabinen, um zu hören, was passiert ist. Amby sagt in einem etwas klagenden Tonfall: »Ich habe es nicht mitbekommen! Ich war da gerade mit meinem Torpedo Punt beschäftigt!«

Die Jungen, schmutzig und zerzaust, skandieren ihr Siegeslied, und Archie sagt: »Was da passiert ist – wir haben gesehen, dass es einer von ihnen war, der angefangen hat, ihr großer Kerl –, so was kommt eben vor, wenn ein Team am Verlieren ist. Gut gemacht, Josh, dass du deinen Mitspieler gedeckt hast, als er angegriffen wurde – ich bin zufrieden, wie ihr alle es gemacht habt. Wir reden morgen beim Training weiter darüber.«

–

Ambys Mutter erhält eine wichtigtuerische E-Mail vom Club: »... das schlimmste Verhalten, das ich mir im Juniorensport von einem gegnerischen Zuschauer vorstellen kann. Mir ist schlecht, dass ich das mit ansehen musste. Wir werden dieses Verhalten nicht akzeptieren und dafür sorgen, dass diese Person in vollem Umfang gemaßregelt wird.« Um was in aller Welt, um wen in aller Welt kann es sich handeln?

–

Am Montagmorgen gehe ich in ihre Küche, um das eine Ei zu bringen, das die Hühner hinbekommen haben. Amby sitzt auf der Bank und macht sich einen Schinken-Käse-Tomaten-Wrap für die Schule.

»Wie ist es gelaufen?«

»Nicht gut.«

»Alles wund?«

»Schlimmer. Hier tut es richtig weh« – er zeigt auf die rechte Seite seiner Brust – »und auf gleicher Höhe am Rücken.«

»Was ist passiert?«

»Einer hat mich umgerissen. Hat mich von hinten gepackt und zu Boden geworfen. Ich hatte gestern Abend ein heißes Bad, aber es hat nicht geholfen.«

»Glaubst du, dass etwas gebrochen ist?«

»Nein.«

»Hast du blaue Flecken?«

»Nein.«

»Wahrscheinlich sind es blaue Flecken im Inneren.«

Was weiß ich schon?

Er kommt nur langsam voran, versucht, ein Stück Käse vom Block abzuschneiden, dabei schneidet er sich in die Fingerspitze. »Sieh dir das an«, sagt er und flucht.

»Blutet es? Halt es unter kaltes Wasser. Ich mache deinen Wrap fertig.«

»Mach es so, dass die Tomate nicht durchweicht«, sagt er von der Tür aus. »Leg die Tomate zwischen den Käse und den Schinken.«

»Soll ich Salat dazwischen legen? Als Barriere?«

»Okay.«

Er kommt mit einem weißen Pflaster auf der Fingerspitze zurück. »Das sieht albern aus.«

»Kleb noch eins drüber, damit das erste hält.«

»Du hast den Wrap verkehrt rum gewickelt«, sagt er. »Mach's noch mal.«

»Erzähl mir von der Prügelei.«

»Na schön. Nun, eigentlich hab ich kaum was gesehen, weil ich mit meinem Kick beschäftigt war, aber ich habe gehört, dass einer ihrer Spieler einen von uns geschubst hat. Josh hat ihn zurückgestoßen, es gab ein bisschen Gerempel und Gerangel, dann kam eine schwarz gekleidete Frau auf den Platz gerannt, und sie hat jemanden geschlagen, und danach haben alle angefangen zu kämpfen, und sie wird nie wieder zu einem Spiel kommen dürfen.«

»Du liebe Güte!«

»Und«, sagt er, faltet seinen Lunchbeutel zusammen und verstaut ihn in seinem Rucksack, »Silas hat jemanden angespuckt.«

»Angespuckt?«

»Ja.«

»Ich komme heute Abend definitiv zum Training.«

–

Ich schicke eine SMS. »Hey Archie, kann ich heute Abend dabei sein, wenn du mit den Jungs darüber sprichst, was gestern passiert ist?«

»Natürlich. Es gibt ein paar Dinge zu bereden. Einer unserer Jungs wurde vom Feld geschickt, und nächste Woche spielen wir gegen Newport, die dafür bekannt sind, dass sie keiner Keilerei aus dem Weg gehen, also wird es wichtig sein, dass wir uns nicht darauf einlassen.«

–

In der Küche nebenan sage ich Amby und seinem Vater, dass jemand eine Disziplinarstrafe bekommen hat. »Das kann doch nicht Meth sein, oder? Was hat Meth getan?«

Junge und Mann brüllen im Chor: »NICHTS!«

»Wenn es eine Prügelei gab«, sagt Ambys Vater, »muss der Schiedsrichter einen Spieler aus jedem Team vom Platz stellen. Die Werribee-Jungs haben alle ›Vier! Vier! Vier!‹ geschrien. Also schickt er Nummer vier vom Platz, und das ist Meth.«

»Aber warum hatten sie es auf Meth abgesehen?«

»WEIL ER SO GUT GESPIELT HAT!«

Im Auto frage ich Amby, ob Archie gleich mit dem Gespräch beginnen wird.

»Nein. Er wird uns erst aufwärmen lassen.«

»Ich bin aufgeregt. Du auch?«

»Nein. Nicht wirklich.«

»Ich meine – mein Herzschlag geht schneller. Ich bin nicht mehr nur Beobachterin. Mir wird klar, dass mir das Team wichtig ist. Dass ich in gewisser Weise dabei bin.«

Er schaut aus dem Fenster auf den Verkehr. »Das ist nun mal die Phase, in der wir stecken. Wir sind alle voller Hormone. Einige Jungs sind bereits Männer. Sie haben schon Bartwuchs.«

–

Heute Abend sind ein paar mehr Eltern als sonst gekommen. Niemand redet von der »Rauferei«. Die Leute fragen einander mit Feingefühl: »Warst du beim Spiel? Hast du den *Vorfall* gesehen?« Eine gute Einstiegsfrage für ein Gespräch mit fremden Leuten.

Harveys Mutter erzählt mir, dass einer ihrer Söhne, der ihr die Sündenbock-Aktion gegen den unschuldigen Meth erzählt hat, sagte (sie ahmt seinen tiefen, wissenden Tonfall nach): »Das war rassistisch, Mama. Sie haben den einzigen Braunen vom Platz gestellt.« Sie lacht. »Und ich sagte zu ihm: ›Zieh keine voreiligen Schlüsse. Sie mussten Meth loswerden, weil er so gut gespielt hat.‹«

Neben mir am Geländer lehnt ein freundlich aussehender Mann, der immer einen Filzhut trägt. Es ist Joeys Vater, ein Kunsthistoriker. Auch ihn habe der Vorfall, den er nicht nur miterlebt, sondern auch gefilmt hat, mitgenommen.

»Sie haben eine Aufnahme?«

»Ja! Ich habe es mit meinem Handy gefilmt, und ein bulliger Mann von den Fans des anderen Teams kam angerannt und sagte mir, ich solle aufhören. Er sagte: ›Sie dürfen das nicht filmen! Hören Sie auf damit! Löschen! Sofort!‹ Ich wusste nicht, ob ich das durfte oder nicht. Ich war nahe dran, es zu löschen. Aber als ich nach Hause kam und es meiner Frau erzählte – sie ist Strafverteidigerin –, sagte sie: ›Oh, das ist lächerlich. Natürlich durftest du filmen – es ist ein öffentlicher Ort!‹«

Wir beide fangen an zu kichern und können nicht mehr aufhören, schütteln uns vor Lachen und halten uns am Geländer fest.

Um den Vorfall ranken sich bereits Mythen. Eine Person namens »die Frau in Schwarz« soll in den Torbereich gestürmt sein, wo einer der Werribee-Spieler die erste Tätlichkeit begangen hat. In Schwarz? Ist damit eine dunkle Jacke gemeint? Trug sie etwa einen Hidschab? Ich kann immer noch nicht herausfinden, was sie genau getan haben soll. Selbst Joeys Vater, der Filmemacher, scheint diese Frage nicht beantworten zu können. Ich könnte der Sache natürlich nachgehen, aber irgendetwas in mir will das lieber nicht so genau wissen. Manche nennen sie die Frau in Schwarz, andere sagen: Nein! Ich habe sie gesehen, sie hatte rote Haare! Andere sagen, sie war definitiv blond. Xaviers Vater, der Ausbilder und Assistenztrainer, gesellt sich zu uns ans Geländer. Ich schlage ihm vor, dass die Frau in Schwarz vielleicht nur Einbildung gewesen sei.

»Nein«, sagt er. »Dass es verschiedene Berichte gibt, beweist ihre Existenz. Wo Rauch ist, ist auch Feuer.« Er befürchtet, dass die Leute auf die Idee kommen könnten, dass die mysteriöse Frau seine Frau war, die auf das Spielfeld lief, um einen unserer Spieler, Antonio, zu verteidigen, dem ein Werribee-Spieler den Ellbogen in die Kehle rammte. »Armer Antonio! Er könnte eine posttraumatische Belastungsstörung bekommen! Oder sogar beschließen, den Sport aufzugeben!«

Während die Erwachsenen solche Gespräche im Flüsterton führen, stürzen sich die Jungen mit wildem Eifer in ihre Übungen. Sie scheinen sehr aufgedreht zu sein und schreien viel mit heiserer Stimme. Was gestern passiert ist, ist ihnen völlig egal. Das liegt in der Vergangenheit, während sie einfach nur spielen wollen.

Sie trainieren zwanzig Minuten lang, dann ruft Archie drei der älteren Jungen, Boof, Remy und Josh, zu sich. Ich weiß nicht, was sie von den anderen unterscheidet, sie sind einfach etwas reifer, ruhiger, solider, es verleiht ihnen natürliche Autorität. Ich trete näher. Mit leiser Stimme warnt Archie vor diesem Sonntag: »Newport«, sagt er, »hat den Ruf, brutal und kampflustig zu sein.« Er bittet sie, dafür zu sorgen, dass unsere Spieler sich nicht revanchieren. Wie immer schenken mir die Jungs, obwohl ich direkt neben ihnen stehe, keinerlei Beachtung. Das ist nicht etwa unhöflich. In ihrem Bewusstsein existiere ich einfach nicht. Diese Nichtexistenz gewährt mir volle Freiheit, und ich höre aufmerksam zu und mache mir Notizen.

Bald ruft Archie den anderen zu: »Kommt rein, Jungs. Kommt rein.«

Sie joggen zu ihm hin und stellen sich ihm in einem engen Kreis gegenüber.

Er kennt ihre Aufmerksamkeitsspanne und hält es kurz und einfach. »Okay. Ich weiß, dass die es angezettelt und durchgezogen haben, und ich erkenne an, dass ihr für euren Kumpel einsteht, aber das reicht nicht aus. Einer unserer Spieler hat etwas getan, was er nicht hätte tun sollen, und wurde gesperrt. Jetzt darf er zwei Wochen lang nicht spielen, und das ist schlimm, schließlich ist er einer unserer besten Spieler.«

Anscheinend weiß jeder, was Silas tatsächlich getan hat, aber niemand erwähnt es.

»In der Zeit, in der sie mit neunzehn Spielern auf dem Feld waren und wir nur mit achtzehn«, fährt Archie fort, »haben sie drei Tore geschossen. Die werden gestrichen.«

Die Jungen heben den Blick vom Rasen und werfen sich einen Blick zu. Ein Kribbeln durchfährt sie. Sie pressen die Lippen aufeinander. Jemand flüstert: »Wow.«

»Diese Woche«, fährt Archie fort, »spielen wir

gegen Newport. Jedes Mal, wenn es gegen Newport ging, gab es eine Schlägerei. Darauf müssen wir uns vorbereiten. Wenn sie anfangen, lassen wir uns nicht darauf ein, okay?«

Sie murmeln und nicken.

Dann ruft er den Jungen, der gespuckt hat, zu sich und fordert ihn auf, sich neben ihn zu stellen: »Komm schon, Silas. Rede mit deinem Team.«

Der kräftige, dunkelhaarige Junge schlurft mit blassem Gesicht und einem unbeholfenen Grinsen auf ihn zu. Er macht viele Pausen, während er spricht. »Ich habe ... etwas getan, was ich ... nicht hätte ... tun sollen. Ja. Schlechte Entscheidung. Hab ... das Team ... im Stich gelassen. Tut mir leid, Leute. Ich kann nicht spielen. Ja. Tut mir leid.« Er hebt den Kopf, sein Gesicht hellt sich auf. »Aber ich werde da sein! Ich unterstütze euch!«

Er schaut seinen Trainer hilflos an. Archie entlässt ihn mit einem Nicken. Silas stapft zurück zur Gruppe, die sich öffnet, um ihn zu integrieren.

MAI

Am Donnerstag im Auto sagt Amby: »Mein Knie tut weh. Und ich weiß, woran es liegt. Keine Verletzung. Es ist wieder so ein Wachstumsschub.«

Jetzt, da es früh dunkel wird, hat sich das mit dem gemütlichen Abendspaziergang. Die einzigen Menschen, die an mir vorbeikommen, sind die Joggerinnen mit ihren wirbelnden Pferdeschwänzen, ihren kleinen Stirnlampen und deren kaltem Licht. Einige von ihnen sind drahtig und flink, mit den geschmeidigen, ökonomischen Bewegungen von Marathonläufern; andere sind füllig, mit breiten Hüften, Bäuchen und Brüsten. Ich bin immer wieder beeindruckt, wie viele der Übergewichtigen mich in beachtlichem Tempo und mit leichten Atemzügen überholen können und sich dabei mühelos mit ihren Mitläufern unterhalten. Ein dicklicher Mann, der langsam geht, wird von der Gruppe überholt. »Du bist von Frauen umzingelt!«, ruft eine von ihnen. Er wedelt mit den Händen und lächelt dabei drollig: »Normalerweise ist das toll, aber jetzt grade nicht.«

Dicke Wolken, die Kälte drängt herein. Nicht alle scheinen gekommen zu sein. Kein Boof, kein Remy, keiner der anderen Älteren. Ich suche mir einen Platz dort, wo sie ihre Taschen abstellen und sich die Stiefel anziehen. Jemand sagt: »Ich hab das beste Tor meines Lebens geschossen. Und niemand hat es gesehen.«

Um kurz nach 18 Uhr springen zwei Jungen aus einem Auto und eilen zur Gruppe. »Danke für euer Erscheinen, Jungs«, sagt Archie mit einem Hauch von Sarkasmus.

Sie beginnen mit ihren Übungen.

»Schnelle Doppelpässe«, fordert Archie. »Wechselt den Kerl vorne aus. Was zum Teufel war das, Harvey?«

Ich lehne mich ans Geländer und gebe mich meiner Trance hin. Die kalte Luft riecht nach geschnittenem Gras. Ich liebe die altmodischen Lampen, die die Wege säumen, so blass und hübsch: Sie erinnern mich an die in *Der König von Narnia.* Vollmond kommt aus den Wolken hervor – ich wusste nicht, dass wir einen haben! – und verschwindet wieder. Über der Ulmenallee schweben die oberen Hälften der Stadttürme, deren Umrisse in der Nacht verschwimmen; die Türme sind jetzt Teil der Nacht, Säulen davon, jeder mit seinem Kranz aus blinkenden roten Punkten.

Langweile ich mich? Es ist, als säße man in einem Gerichtssaal und sähe sich einen Prozess an. Es gibt lange unaufregende Passagen, aber weil man in die Geschichte und ihre Figuren verliebt ist, sind selbst die langweiligen Teile interessant. Ich schaue mir Fußball an. Ich stehe einfach nur da und träume, umgeben von Fußball. Und Jungs. Namenlose Jungs in der Dämmerung, an der Schwelle zur Männlichkeit.

Joeys Dad taucht mit einer Beanie-Mütze auf. Drei Väter und ich stehen am Geländer und beobachten, wie die Jungen im Dunkeln gegen die U18 antreten. Ich sehe, dass Amby humpelt, eine leichte Beeinträchtigung, aber er weigert sich, langsamer zu werden, fliegt auf den Ball zu, tippt ihn an, bückt sich danach, schirmt ihn mit den Schultern ab und kickt ihn kraftvoll. Als sie sich gegenseitig etwas zurufen, versuche ich erneut, den Körpern Namen zuzuordnen, und scheitere.

Das Geschehen verlagert sich auf die andere Seite des Spielfelds, wo die Spieler, klein und zierlich wie Strichmännchen, vor dem beleuchteten Zaun der Tunnelbaustelle hin- und herrennen.

»Sie sehen aus wie in diesem indonesischen Schattentheater«, sagt Joeys Vater. »Wayang.«

Ein anderer Mann, lächelnd, mit freundlichem Gesicht, kommt von der Straße den Hang herauf und gesellt sich zu uns. Er sieht mich erwartungsvoll an und streckt mir seine Hand entgegen. Er spricht »den Vorfall« an. Wir alle antworten reflexartig: Das Drama ist jetzt vorbei; alle haben sich beruhigt, das Ganze ist schon fast vergessen. Aber er hakt nach und erwähnt, dass der Junge, der gespuckt hat, sich entschuldigen musste: »Ich frage mich, was genau er gesagt hat?«

»Ich war dabei. Ich habe ihn gehört.«

»Sie haben ihn gehört? Was hat er gesagt?«

Ich beginne meinen Bericht, indem ich die schüchterne Haltung und die unbeholfene Ausdrucksweise des Jungen nachahme, aber nach zwei Sätzen merke ich an der eifrigen Aufmerksamkeit des Mannes, dass es sich bei ihm um Silas' Vater handeln muss. Ich übertreibe ein wenig die Rührseligkeit der Rede – »Sorry, Leute. Ich habe das Team im Stich gelassen« etc. – und erlaube mir, eine Anmerkung hinzuzufügen: »Man hat seine Worte mit viel Wohlwollen aufgenommen, fand ich.«

Silas' Vater lacht bewegt auf und ergreift wieder meine Hand. »Danke! Danke, dass Sie mir das gesagt haben! Ich bin so froh, dass Sie es mir gesagt haben! Ich habe kein Wort aus ihm herausbekommen!«

Die anderen Väter drehen sich zu ihm um und schmunzeln verständnisvoll.

–

Samstag. Covid trifft mich ein zweites Mal. So viel zu den Impfungen. Ich liege den ganzen Tag im Bett und lese noch einmal James Buttons wunderbares Buch *Comeback: The Fall and Rise of Geelong*. Er interviewt ehemalige Spieler zu ihrem legendären Trainer Malcolm Blight.

»Blight empfahl ihnen, die Stiefel seitlich zu schnüren, da ein Knoten an der Vorderseite des Stiefels zu einem Fehlschuss führen könnte. Ein Tackler sollte die Knie beugen, um das Gleichgewicht zu halten. Trainieren Sie in angemessener Fußballausrüstung – keine Unterhemden. Socken zeigen die Einstellung, also ziehen Sie sie hoch.«

»Blight«, sagt ein ehemaliger Spieler der Cats, »war der erste Trainer, der uns das Fußballspielen beigebracht hat. Die Trainer der 80er-Jahre haben uns nicht beigebracht, wie man Fußball spielt. Sie haben uns gesagt, warum wir gewinnen sollten, zelebrierten das herkömmliche Revanche-Gerede – wir hassen diese Arschlöcher, sie haben uns die letzten drei Spiele geschlagen ... Nichts davon macht dich zu einem besseren Fußballer. Blight hingegen sagte Dinge wie: ›Der Typ ist ein Linksfuß, also dränge ihn an die Außenlinie. Dieser Kerl wird den Ball nicht wegschlagen, sondern versuchen, ihn abzufangen, damit er nicht weit entfernt runterfällt. Der Typ nimmt nie einen hohen Ball an, also zwinge ihn, unter den Ball zu gehen.‹«

Ich erinnere mich an die Doku, die meine Liebe für die Bulldogs geweckt hat: die Tiraden des Trainers in den Umkleideräumen, die durchnässten und schwitzenden Spieler, die beschämt den Kopf senken. Blight erzählt Button, dass er einen Spieler in den Boden gestampft hat: »›Du hast uns die Saison gekostet.‹. Im Nachhinein klingt das verdammt bescheuert und wahrscheinlich war es das auch. Aber das hatte man mir selbst oft gesagt. Es gibt so etwas wie Trainer-Sprech. Wenn man es nicht selbst erlebt hat, kann man es wohl nicht verstehen. Aufgrund der Intensität des Moments, des Ehrgeizes zu gewinnen, kommt es eben zu Übertreibungen.«

–

Samstagabend schalte ich im Fernsehen zwischen dem Spiel Western Bulldogs gegen Greater Western Sydney auf Kanal 7 und der Krönung von Charles III. auf ABC hin und her. Ich bin erstaunt über die statische Atmosphäre der Krönung, trotz der herrlichen Chormusik. Dort etwas abgestumpft Erstarrtes, in all seiner goldenen Extravaganz: der arme alte König, blass und mit trockener Haut, bereits vom Leben ermüdet, seine Hände geschwollen und steif, seine seltsamen Schuhe mit silbernen Schnallen, die Supertunika, die kolossale, lächerliche Krone, die auf seinem Kopf ausbalanciert und in Position geschraubt wird – und hier, auf einem Footballfeld in Canberra, auf der anderen Seite der Welt, 36 Männer in ihren eigenen Uniformen, die rennen, schliddern, springen, kicken – Regen fällt in nebligen Schauern und lässt sie den Halt verlieren – sie rutschen aus, fallen hin, rappeln sich auf und rennen weiter.

Was ist die Verbindung zwischen diesen Ritualen? Gibt es eine? Es fasziniert mich: die tatterige, hypnotische Langsamkeit der mit Juwelen besetzten Machtübergabe im Gegensatz zum getriebenen, verzweifelten Nachtballett der Fußballer im Regen. Ich schalte den Ton aus, und eine Erinnerung an den Covid-Lockdown kommt zurück: Spiele, die für das Fernsehen vor leeren Rängen ausgetragen wurden. In dieser feierlichen Stille konnten wir die Spieler einander zurufen hören, auch das tiefe, befriedigende Geräusch, wenn der Schuh auf den Ball traf. Es war eine reinere Version des Spiels, und wir sahen gebannt zu, als würden alle Probleme der Welt durch diese komplexen Muster, diese geheimnisvollen Regeln und klassischen Posen von Niedergeschlagenheit und Triumph auf den Punkt gebracht und gelöst. Vergil und Homer würden diese gewaltigen durch die Luft fliegenden Männer sofort erkennen: nicht nur deren Wildheit – *die eines Verrückten in einem vierspännigen Streitwagen* –, sondern auch deren ritterliche Fürsorge für die Verwundeten – *einer legt seinem Captain den Arm um die Taille und schleppt ihm vom Feld.*

–

Die Bulldogs gewinnen. Cody Weightman und Artie Jones werden ans Mikrofon gerufen. Zwei ekstatische Gesichter, die Münder weit aufgerissen vor Lachen, füllen den Bildschirm mit Augen und Zähnen. (Erinnerung: Ambys Bruder, fünf Jahre alt, rennt nach seinem ersten Tag in der Grundschule herein: »Ich habe zwei Freunde gefunden! Einen weißen und einen braunen!«) Die beiden sind dafür bekannt, dass sie sich eine Wohnung teilen, seit Artie in die Stadt gekommen ist. Der Interviewer, der seine eigene Begeisterung nicht verbergen kann, fragt: »Und was gibt es bei euch zu essen? Was ist euer Lieblingsgericht?« Pause. Sie werfen sich einen Blick zu. Ich erwarte mir etwas wie Fast Food, Tiefkühlpizza oder Fisch und Chips. Dann sagt Artie: »Tortellini. Ja. Tortellini ... Carbonara.«

–

Eingesperrt zu Hause, mit Covid. Unter der Decke liegen, lesen, dösen, wieder lesen, alles Gelesene vergessen. Nach zwei Wochen ist der Test endlich negativ, und ich fahre zum Café, hole mir die *Age* und blättere zu den Sportseiten. Ein Foto: Buddy Franklin verlässt das Spielfeld mit dem Arm über der Schulter eines Teamkollegen, nach dem Spiel am Sonntag, das sein Team, die Sydney Swans, gegen Collingwood verloren hat. Collingwood steht an der Spitze der Tabelle, die Swans auf Platz elf. Und das Collingwood-Publikum buhte Buddy Franklin aus, eine Spielerlegende, einen Giganten des Spiels, in seiner letzten Saison.

Franklin ist sechsunddreißig und einiges gewohnt. Sein Gesicht auf diesem Foto ist ruhig und gefasst, aber auch so weich wie das eines Jungen. Es ist ein verwundetes Gesicht, wie von jemandem, der gerade eine schallende Ohrfeige bekommen hat: ausdruckslos, perplex. In den vierzehn Tagen der Isolation muss meine Haut dünner geworden sein: Ich überrasche mich selbst, als ich in Tränen ausbreche. Ich blättere eine Seite weiter und finde einen Anhänger von Collingwood, der sagt, er habe gebuht, sehe aber im Nachhinein ein, dass es ein Fehler war: »Ich habe gebuht«, sagt er, »weil alle anderen gebuht haben.« Der *Guardian* hält sich in seinem Kommentar nicht gerade zurück: »Es geht um den tief sitzenden Hass, den Männer – und sie bilden die dominierende Kraft bei der Gestaltung und Aufrechterhaltung der AFL-Kultur – für sich selbst und gegeneinander empfinden. Die Tribünen von Great Southern und Ponsford bieten den Angetrunkenen, Morschen und Gebrochenen Raum, um ihren Selbsthass und ihre Unsicherheit auf andere zu projizieren.«

–

Donnerstag, auf dem Weg zum Training.

»Du hast mir noch immer nichts von dem Spiel erzählt, das ich verpasst habe.«

»Okay. Wegen der Schmerzen in meinem ganzen Bein habe ich Archie gesagt, dass ich nicht volle Kanne spielen kann, also hat er mich im Außenfeld eingesetzt. Es war schrecklich. Mir war so kalt. Ich habe den Ball nur zweimal berührt. Ich stand gegen diesen riiiiiesigen Kerl.«

»Aber du hast ein Tor geschossen, oder?«

»Ja, aber ich habe meine Wut nicht rauslassen können. Und das Tor war nicht sehr ... schön.«

»Du meinst, es war nicht irgendwie glorios?«

»Nö.«

»Trotzdem war es ein Tor?«

Er zuckt mit den Schultern und rennt davon.

Silas' Vater ist heute Abend hier. Er tritt an die Bande und sagt: »Hey. Der Präsident hat mich angerufen. Er hat mich mit ein paar Infos versorgt. Diese Frau in Schwarz hat versucht, meinem Jungen ins Gesicht zu schlagen.«

»Meine Güte. Hast du das Video gesehen?«

»Er hat mir angeboten, es mir zu zeigen, aber ich wollte nicht. Der Club war bereit, die Polizei einzuschalten. Sie wegen Körperverletzung anzuzeigen. Oder eine offizielle Beschwerde bei der Liga einzureichen. Aber Silas' Mutter und ich waren dafür, dass so eine Sache auf Clubebene geregelt wird. Man hat der Dame Hausverbot für alle zukünftigen Flemington-Spiele erteilt.«

»Und die Spuckerei?«

»Es hieß, man gebe sich mit einer Suspendierung zufrieden: Entschuldigung und Eingeständnis, dass er sich danebenbenommen hat. Er muss zwei Wochen lang für die anderen den Getränkejungen machen. Wir haben das akzeptiert.«

»Wow. Das ist wirklich gutes Krisenmanagement.«

Ich kenne ihn nicht gut genug, um noch weiter zu gehen und zu loben: »Gut gemacht. Das ist vorbildliche Erziehung.« Doch genau das ist es, was ich denke.

Boof kommt angeschossen, wirft sein Fahrrad auf den Rasen. Er trägt eine Trainingshose, deren Schritt fast auf Kniehöhe ist. Er joggt zwischen den Torpfosten hin und her, gibt einem davon einen Sidekick, dass das Metall klirrt und nachklingt. Es ist ein perfekter dunkler, klarer Abend. Archie lässt sie sich mit Soccer aufwärmen. Es wird viel und fantasievoll getanzt, mit wirbelnden Drehungen und Seitfall-Kicks, und es wird laut gejohlt. Die Jungs bilden einen lockeren Kreis um einen Kerl in dunkler Kleidung, der offenbar gewisse Moves und Posen vorführt. Er rollt einen Ball über das Feld, sie sollen ihn sich schnappen: »Mit beiden Händen. Mit beiden Händen!«

Archies Vater erzählt mir, dass der Mann Physiotherapeut ist und ihnen beibringt, wie man die Richtung wechselt, ohne sich zu verletzen: wie man zur Seite ausweicht.

»Die meisten dieser Jungen haben in ihrem Leben noch nie einen Sidestep gemacht. Sie bekommen den Ball und wollen ihn gleich wieder wegkicken.«

Er bemerkt, dass Amby humpelt. »Als Fußballer musst du mit Verletzungen leben. Archie klagt über seinen Daumen. Ich sage: ›Akzeptiere es. Der wird die ganze Saison lang wehtun.‹«

Archies Vater ist einer dieser unbezahlbaren Väter, die sich zusammen mit ihrer Frau tief und selbstlos im sozialen Gefüge des Vororts engagieren. Er ist im Beirat der örtlichen Highschool, im Komitee des Cricket-Clubs und des Fußballvereins, alles, was man sich vorstellen kann. Ich freue mich immer, ihn zu sehen: Er ist eine Quelle für Informationen und Klatsch, voller Energie und immer zu Scherzen aufgelegt; aber er hat ein Knie, das nach zu vielen Sportverletzungen dauerhaft geschädigt ist.

Auf dem Spielfeld gibt Amby trotz seines Hinkens alles, rennt, ruft Namen und gibt Kommandos. Am Spielfeldrand hält jemand in einem grauen Hoodie, ein Vater, den ich nicht kenne, dem Vater von Joey eine Predigt über den niedrigen Standard der Schiedsrichter beim Amateur-Cricket. Scheint eine Herzensangelegenheit zu sein, er gerät in Rage. Ich weiß null über Cricket, also sehe ich den Jungs weiter beim Spielen zu. Archies Vater fragt mich, ob ich »die Klopperei« gesehen hätte. Er weist darauf hin, dass Angus, »ein Hitzkopf«, sich herausgehalten habe und dass Archie darüber sehr erfreut und überrascht war.

Archie pfeift für heute ab. Die Jungs ziehen ihre Rucksäcke an und schlagen ihre Stiefelsohlen gegeneinander, um den Schlamm herauszubekommen. Boof hebt sein Fahrrad auf und stellt zu seinem Entsetzen fest, dass die Kette gerissen ist. Der Vater im Hoodie vergisst das Thema Cricket und eilt ihm zu Hilfe. Er beugt sich mit dem Jungen über das schmierige, kaputte Metall. Seine Stimme wird leise, und er sagt freundlich: »Ah – da fehlt ein ganzes Kettenglied, oder?«

–

Am Samstagabend spielen die Bulldogs gegen Carlton. Ich komme vom Queenscliff-Schriftstellerfestival und bin nur wenige Minuten nach dem Anstoß da. Ich glaube nicht, dass ich das Spiel bis zum Ende durchhalte, bin zu erschöpft. Ambys Vater ist allein zum Spiel gegangen. Seine Schwester und sein Bruder haben kein Interesse. Also halten Amby, seine Mutter und ich die Stellung vor dem Fernseher. Im dritten Viertel nicke ich für einen Moment ein. Als ich wieder zu mir komme, hat Carlton ein weiteres Tor geschossen. Oh nein, bitte lass die Bulldogs keinen ihrer berühmten Aussetzer haben! Dazu kommt es nicht, und ich verstehe langsam, was Footyjournalisten meinen, wenn sie von Carlton als Mannschaft sprechen, die sich selbst im Weg steht. Sie haben großartige Spieler. Sie sind sehr gut, schnell und stark, sie spielen schön, aber es fehlt ein entscheidender Faktor – was ist es? Hätten sie von Anfang an präziser gekickt, säßen wir jetzt in der Klemme. Sie tun mir so leid – sie sind ein so sympathisches Team, keine Rohlinge, wie ich finde, und all diese dunkelhaarige jugendliche Schönheit, ihre eleganten South-Yarra-Frisuren –, ich liebe das Gefühl der Zusammengehörigkeit, das nach dem Schlusspfiff zwischen ihnen und den siegreichen Bulldogs herrscht: Einige geben sich die Hand, einige umarmen sich, einige lachen. Ich frage mich, was sie zueinander sagen. Sie scheinen sich zu mögen und zu respektieren. Es war ein vorbildliches Spiel. In diesen Momenten der Kameradschaft liebe ich Footy und bewundere die Sportler vorbehaltlos.

–

Sonntag. Auf der Fahrt nach Westen zur Penleigh Essendon Grammar School in Keilor spricht Ambys Vater über die »Gravitas« der Bulldogs-Spieler Jamarra Ugle-Hagan und Tim English.

»Es gibt einen entscheidenden Punkt in der Ausübung eines jeden Sports oder einer Kunst – wenn man wirklich gut sein will. Und jeder gute Spieler will als solcher angesehen werden.«

Amby hört aufmerksam zu, sagt aber nichts. Sein Vater ist so sehr mit Philosophieren beschäftigt, dass er die Ausfahrt aus dem Calder verpasst und einen drei Kilometer langen U-Turn fahren muss.

Nur wenige Zuschauer. Ambys andere Großeltern sind gekommen. Seine Oma, Mutter von sieben Kindern, sagt: »Amby ist einer der letzten unserer Jungs, die noch Footy spielen.« Der Sportplatz mit Blick auf das Tal des Maribyrnong River ist herrlich: der glatte, dichte Rasen des Ovals einer Vorort-Privatschule im Westen. Unter einer Einflugschneise. Alle zehn Minuten taucht ein leuchtender Punkt am leeren Himmel auf und schwebt auf uns zu, mit ausgefahrenen Rädern, in einer so gemächlichen Geschwindigkeit, dass wir die Schultern einziehen und kaum glauben können, dass das Flugzeug in der Luft bleibt. Ambys Oma zählt die Fluggesellschaften an ihren Fingern ab: Jetstar, Rex (mit surrenden Propellern), Air New Zealand und Virgin Virgin Virgin. Und Sri Lankan. Die Jungs scheinen sich von der röhrenden Parade am Himmel nicht ablenken zu lassen. Sie sind voll bei der Sache und ballern drauflos.

Es ist ein wunderschöner Tag, bei klarem Himmel weht ab und zu eine leichte Brise. Familien sitzen auf dem dichten, trockenen Gras. Man kann einen Hotdog bekommen, mit oder ohne Käse. Sie nehmen Karten oder Bargeld. Ich zahle bar und habe Schwierigkeiten: Seit Covid habe ich die Fähigkeit verloren, schnell zu addieren. Das Licht hat heute eine ungewöhnliche Qualität, eine Frische, eine Klarheit. Oder funktionieren meine Augen besser? Ich kann die Rückennummern der Spieler erkennen, und es gelingt mir sogar, einige davon, wenn auch nur kurzfristig, mit Namen zu verbinden. Wir gewinnen.

Beim Abendessen trägt Amby ein Muskelshirt, das seine Schultern und Oberarme zur Geltung bringt. Wie nebenbei erzählt er, dass er gerade eine SMS erhalten hat. Ihm wurde mitgeteilt, dass die Schiedsrichter ihn zur »Nummer 2 auf dem Spielfeld« in seinem Team gewählt haben. Wir jubeln. Er tut lässig, kaut einfach weiter.

Nach dem Essen fragt er seinen Bruder und mich, ob wir die Fotos vom Spiel sehen wollen, die ihre Mutter mit ihrem Teleobjektiv gemacht hat. Wir schubsen die Mieze vom Drehstuhl und beugen uns über den Schreibtisch. Die Fotos sind Weitwinkelaufnahmen, auf denen jeweils fünf oder sechs Spieler zu sehen sind, und jeder Junge ist in einem Moment höchster Anspannung festgehalten: verzerrter Mund, zusammengebissene Zähne, gestreckte Beine, Arme, die greifen, schieben und zerren, Füße, die vom Boden abheben oder sich in unglaublichen Winkeln in die Erde drücken.

»Hast du keine Angst?«

Amby zuckt mit den Schultern. »Am Anfang jedes Jahres hat man Angst. Man ist mit neuen Spielern zusammen und muss sich beweisen. Aber sobald man auf dem Feld steht, kommt alles zurück, und man sagt sich: ›Ich bin ein guter Spieler, ich bin stark, ich werde mich nicht verletzen.‹«

»Als ich für die Colts gespielt habe«, sagt sein Bruder, »hatte ich nie Angst, verletzt zu werden. Das Einzige, wovor ich Angst hatte, war, einen Zweikampf zu verlieren. In einem Zweikampf besiegt zu werden.«

»Ist das so eine Männersache? Geht es um Stolz?«

»Wahrscheinlich. Zweikämpfe sind der emotionalste Teil des ganzen Spiels. Viel mehr als ein Tor zu schießen.«

»Besonders«, sagt Amby, »wenn man einen Kerl fertigmacht, aber ohne ihn dabei zu verletzen. Man hört ihn stöhnen, aber dann steht er auf, und es geht ihm gut.«

–

Ich habe gelesen, dass alte Menschen weniger Schlaf brauchen. Ich schlafe immer weniger und brauche mehr. Ich wache um 5 Uhr morgens auf und bin von der trüben Hoffnungslosigkeit eines alten Menschen gezeichnet. Ich muss verrückt gewesen sein, mit diesem Buch anzufangen. Wie kann ich mich wieder aus der Affäre ziehen? Und so weiter. Meine Füße schmerzen, wenn sie den Holzboden berühren. Aber ich stehe auf. Ich versorge die Hühner. Ich mogle, um das Kreuzworträtsel zu schaffen. Ich schlage die Fußballseiten auf, und hier kommt meine Rettung, der Nervenkitzel der ganz eigenen Sprache, die sie dort verwenden. »Ein Übermaß an sauberen, knackigen Halbfeldspieler-Flanken.« – »Sie haben eine erstklassige Gelegenheit versiebt, den Rückstand früh im dritten Drittel zu verkürzen.« – »Alles, was flach war, haben sie abgefangen.« – »Wir haben die ersten Freistöße verschossen, dann ging es Schlag auf Schlag auf Schlag.« – »Ich bin optimistisch, was den Charakter der Gruppe angeht, aber das ist leicht dahergeredet.«

Und ich gehe auf YouTube und schaue mir immer wieder Artie Jones' erstaunliches Tor im letzten Viertel gegen Carlton an: Mit Höchstgeschwindigkeit rennt er los, schnappt sich den Ball mit beiden Händen aus der Luft, dreht sich nach links und schießt ihn ins Tor. Warum bringt mich das zum Juchzen und Schreien? Seine jubelnden Teamkollegen stürzen auf ihn zu. Jones wirft sich in die Arme von Rory Lobb, der ihn in einer wilden Umarmung in die Höhe stemmt, wie ein Vater, der seinen Sohn hochleben lässt. Jamarra Ugle-Hagan, etwas formeller, nimmt Jones' Kopf in seine beiden großen Hände, wie man es tun würde, um ein Kind zu segnen.

–

In den Nachrichten um halb acht sehe ich zwei bemerkenswerte Männer, vielleicht in ihren Vierzigern, Cameron und Dean. Sie und einige andere vorbeikommende Handwerker waren die ersten, die zu einem Bus rannten, der bei einer Kollision mit einem Lastwagen zerschmettert und auf die Seite geworfen worden war: ein Bus voller eingeklemmter, verletzter, schreiender Grundschulkinder. Cameron kann sprechen und Fragen beantworten, aber das Gesicht des anderen Mannes, Dean, ist ausdruckslos und glatt vor Schock. Es tut weh, ihn anzusehen. Er kann kaum sprechen: »Sie saßen einfach fest, die armen kleinen Dinger.« Die Männer rissen die Abdeckungen der Oberlichter vom Busdach und versuchten, ein Loch unter dem Bus zu graben, um die Kinder zu befreien – all ihre Lunchboxen und Jacken waren herausgeflogen und über den Asphalt verstreut –, aber den Bus anzuheben war aussichtslos. Sie »hielten die Hände der Kinder und hüllten sie in ihre Pullover, um sie vor der Kälte zu schützen«.

Die Moderatorin der Sendung, ansonsten für ihre kühle Selbstbeherrschung bekannt, legt diese ab, um jene Männer zu preisen, die ohne zu zögern gehandelt haben. Sie hebt ihre Tapferkeit und Nervenstärke hervor. Sie streckt sich über ihren Schreibtisch, dankt ihnen mit zitternder Stimme, als spräche sie im Namen aller erschütterten Zuschauer.

–

Am Samstagnachmittag sehen wir, wie die Bulldogs die Adelaide Crows bezwingen. Ein unattraktives, ja sogar hässliches Spiel auf einem durchweichten Boden in Ballarat. Schreckliche Haufen von sich windenden, krümmenden Männern. »Wir haben gewonnen«, sagt Ambys Vater, »aber wir haben nicht wirklich gut gespielt.«

Und am Sonntag treffen die Colts auf Hoppers Crossing, unten auf unserem Platz. Ich fahre hin. Doch nach stundenlanger Arbeit auf den Knien beim Jäten im Hinterhof bin ich so niedergeschlagen, dass ich mich frage, ob daraus eine Depression wird. Es ist kalt, ein Südwestwind kommt und geht. Die Blätter der Ulmen fangen erst jetzt an, sich zu verfärben, jeder Windstoß löst einen Schauer zarter gelber Punkte aus.

Ambys Mutter und Vater haben unseren Hund Smokey mitgebracht, schlingen seine Leine um einen Zaunpfosten. Wir stehen am Geländer in der nordöstlichen Ecke, dem Ort, von dem aus wir die berüchtigte Rauferei – »den Vorfall« – beobachteten, der damals so aufwühlend war, jetzt aber vergessen ist und kaum noch erwähnt wird. Das Wasser darüber ist wieder spiegelglatt. Und Silas nicht mehr gesperrt. Die Saison geht weiter.

Archies Eltern kommen zu uns.

»Siehst du den Schiedsrichter am Spielfeldrand?«, sagt Archies Vater. »Der Junge, der grade reinrennt? Der ist ein Profi.«

»Was?«

»Der wird bezahlt. Fünfzig Dollar bekommt er pro Spiel.«

»Der könnte drei am Wochenende machen«, sagt Archies Mutter. »Das sind 150 Dollar. Könnte ein Beruf daraus werden.«

Dieser Junge hier sieht nicht älter als zehn aus, ist dünn und schmächtig und hoch konzentriert. Als der Ball im Aus landet und er sich für den Einwurf mit dem Rücken zum Spielfeld drehen muss, nimmt er eine aufrechte Haltung ein, hält den Ball mit beiden Händen senkrecht an den Spitzen – ein schöner Moment des Stillstands –, dann lässt er sich nach unten hängen und schleudert ihn mit einer solchen Kraft über seinen Kopf zurück, dass sich seine Wirbelsäule wie ein Bogen krümmt.

Smokey wird von der Leine gelassen, um mit seinem Freund, dem Familienhund des Trainers, zu spielen. Sie wälzen sich knurrend auf dem Gras und beißen sich gegenseitig in Nacken und Wangen. Das Spielgeschehen steuert auf unser Tor zu und, verdammt noch mal, Smokey ist mitten im Getümmel zwischen den schreienden, sich verausgabenden Spielern und grinst wie ein Idiot.

»Smokey! Smokey! Komm hierher!«

Er eilt mit gesenktem Kopf vom Feld.

»Er muss Ambys Stimme gehört haben«, sagt dessen nervöse Mutter. Und diese Stimme ist laut. Er schreit heiser, wie ein Verrückter oder ein Betrunkener.

Der Wind frischt auf, ich muss meinen Hut festhalten.

»Auf der Anzeigetafel sieht es zwar nicht so aus«, sagt Archie in der Halbzeit, »aber wir dominieren dieses Spiel. Wir sind das bessere Team. Wir können das gewinnen.«

Nach dem dritten Viertel liegen wir mit 3 Punkten vorne.

»Jetzt ist der Wind gegen uns«, sagt Archie.

Ich stehe neben seiner Mutter am südlichen Spielfeldrand. Meth rennt mit dem Ball an uns vorbei, er kickt ihn weit nach vorne, und ein großer, stämmiger Junge aus Hoppers Crossing geht – nach dem abgeschlossenen Spielzug – auf ihn los, stößt ihn vor die Brust, beschimpft ihn, holt mit dem Fuß aus und hakt seinen Knöchel um Meths Hals. Eine Welle der Wut durchfährt mich. Ich brülle wie eine großmäulige Schlampe im Außenfeld: »Du verdammter Mistkerl!« Kein Schiedsrichter in Sicht! Das wird ungeahndet bleiben! Aber Meth kämpft sich frei, findet sein Gleichgewicht, schubst ihn weg und rennt davon. Sosehr sie auch um sich schlagen, Hoppers Crossing kann diesen geschmeidigen Jungen nicht aufhalten, er ist ein Wirbelwind.

Später, nachdem wir gewonnen haben, frage ich Amby: »Wo waren bloß die Schiedsrichter?«

Er zuckt mit den Schultern. »Die waren so was von hilflos. Wir haben alle die Nummer des Jungen gerufen, aber niemand hat was unternommen.«

In den Umkleideräumen steht Archies Mutter neben mir an der Tür und hört zu, wie ihr Sohn sein Team für die gute Leistung lobt. Sie hat den Kopf gesenkt, um ihr breites Lächeln zu verbergen.

Amby hievt sein Fahrrad in den Kofferraum des Autos. »Ich habe nicht gut gespielt.«

»Doch, das hast du! Ich habe dich doch gesehen!«

»Ja, aber ich habe den Ball immer wieder fallen lassen. Und hab vier Freistöße verschenkt.«

»Wollen wir einen Zwischenstopp machen und ein paar heiße Pommes essen?«

»Nein. Ich will etwas Frisches und Knuspriges.«

Meine »Depression« ist weg. Ist es das, was Amby meint, wenn er davon spricht, »seine Wut rauszulassen«? Ich bin alt und traurig und wütend auf die Welt, und ich weiß, dass es zu spät ist, irgendetwas zu tun, um sie zu heilen – aber vielleicht hilft es schon, wenn ich schreie?

–

Auf dem Weg zum Training berichtet Amby, dass Silas verletzt ist. »Er darf die ganze Woche nicht trainieren und sieben Tage lang nicht spielen. Aber er sagt, dass er am Sonntag spielen wird.«

»Will er auf diese Weise seinen Ausraster wiedergutmachen?«

»Nein.«

»Wird darüber noch geredet?«

»Nein. Einige der Eltern haben sich deswegen aufgeregt, aber der Trainer und die Spieler reden nicht mehr darüber.«

Er läuft davon. Ich stelle mich ans Geländer. Um 18 Uhr ist es stockdunkel.

Angus kommt griesgrämig an. Mit einem Finger schlenkert er seine Tasche an einer Kordel. Er steht da und blickt über das Feld im kalten Scheinwerferlicht. Noch in Gedanken, bevor er losrennt, um sich dem Kick-to-Kick anzuschließen, löst er eine dünne Kette von seinem Hals, lässt sie locker in eine Handfläche gleiten und bückt sich, um sie in der Tasche seines Rucksacks zu verstauen.

Ich fühle mich seltsam distanziert von allem. Kein Funke. Ist es immer noch Covid, das mich beeinträchtigt? Nach zehn Minuten bin ich durchgefroren und fange an zu zittern. Mein Blutzuckerspiegel ist zu niedrig. Ich habe kein Geld dabei. Zum ersten Mal, seit ich das Training beobachte, breche ich ab, fahre nach Hause, hole meine Karte und eine Wasserflasche und fahre zu Coles, wo ich zwei kleine Flaschen Saft und fünf gefrorene Sesam-Mochis kaufe. (Warum kosten die an der Kasse immer nur die Hälfte? Nicht, dass ich mich beschweren würde.)

Zurück im Park sitze ich im Dunkeln im Auto, esse und lese Nachrichten auf meinem Handy. Ich glaube nicht, dass ich noch zum Training kommen werde. Es ist Winter. Ich bin zu alt. Oder zu irgendwas. Oder nicht mehr genug irgendwas. Ein Licht in mir verblasst. Ist fast erloschen.

Um 19:20 Uhr zwinge ich mich in die Kälte und sehe mir die letzten zehn Minuten des Trainingsspiels gegen die U18 an. »JakeJakeJake!« »SeanySeanySeany!« Zack! Wumm! Remys mächtige, heulende Stimme: »Hier, hier, hier!« »Hintermann, Hintermann!« »Noch mal, noch mal, noch mal!«

Mein Herz schlägt schneller, und ich werde wach. Ich sehe, wie Amby ein paar gewaltige, hochfliegende Kicks und mitten auf dem Feld einen wilden Rückwärtssprung vollführt.

Als er neben mir ins Auto steigt (seine bloßen muskulösen Oberschenkel, dazu der scharfe Geruch nach Schweiß und Erschöpfung), seufzt er tief und glücklich.

»Das war das beste Spiel, das ich je gespielt habe. Warum schaff ich das in der Liga nicht? Hätte ich am Sonntag so gespielt, wäre ich der Man of the Match gewesen.«

Lag es daran, dass ich nicht zugeschaut habe, dass er so gut trainiert hat? Ach, hier geht es nicht um dich, du dumme Gans. Er hat nicht einmal bemerkt, dass du nicht da warst.

–

Am Donnerstag gehe ich nicht zum Training, das gab es vorher nur zweimal: einmal als ich Covid hatte, das andere Mal, als ich in der Oper war. Es ist zu kalt, es ist zu dunkel, ich habe keine Lust. Aber selbst wenn ich es mir zu Hause auf der Couch gemütlich mache und in den Memoiren von Prinz Harry lese, vermisse ich das Team. »Mein« Team.

–

»Wir« haben Yarraville besiegt! Bei starkem Regen, auf einem Feld, das so rutschig ist, dass sich kaum jemand auf den Beinen halten kann. Amby spielt mit Schneid und Kraft. Nach drei Vierteln ist sein Gesicht in der Huddle dunkel vor Entschlossenheit, männlich, starr: Ich habe fast Angst vor ihm.

Silas' Großmutter und ich, wir haben übrigens denselben Vornamen, schreien noch lauter. Im dritten Viertel stürzt ein Spieler aus Yarraville schwer im Torraum. Er bleibt regungslos auf dem Rücken liegen. Schreckliche Stille. Die Trainer holen eine Bahre, und sechs Männer tragen ihn weg.

Beide Teams kommen vom Feld, mit dunklem Dreck beschmiert, wie Kreaturen aus der Schwarzen Lagune. Amby blutet am linken Knie, ein dünnes Rinnsal zwischen Streifen von Schlamm – so was nimmt nur eine Oma wahr. In den Umkleiden singen und brüllen sie in ihrem Dreck. Ein alter Mann mit Regenkappe dreht sich zu mir um und sagt vergnügt: »Was halten Sie davon?«

–

Beim Training heute Abend beobachte ich, wie die Jungs jeden freien Moment nutzen, um aus einem unmöglichen Winkel aufs Tor zu schießen und den Ball anzuschneiden, ihm Effet mitzugeben, um ein sogenanntes »Bananen-Tor« zu erzielen. Bevor sie nach Hause gehen, kommt die erlösende Nachricht: Der Junge aus Yarraville, der gestern zu Boden ging, ist nicht verletzt, nein, es geht ihm gut.

Im Auto sagt Amby mit leiser Stimme zu mir: »Ich habe einmal ein Kind in der U10-Mannschaft niedergestreckt, es hatte eine Gehirnerschütterung.«

»War er bewusstlos?«

»Nein.« Er ahmt ein fassungsloses Rollen, Schließen und halb Öffnen der Augen nach. »Es war schrecklich.«

»Hat man dir das übel genommen?«

»Nein. Jeder wusste, dass es ein Unfall war.«

–

Ich bin mit einer Anwältin in Sydney befreundet, die mehrere Jahre lang für die Royal Commission gegen

Kindesmissbrauch gearbeitet hat. Sie sagt, dass sie die Arbeit nur ertragen konnte, indem sie wieder anfing, Klavier zu spielen, was sie früher gut konnte, aber aufgegeben hatte, als sie Anwältin wurde. Sie kaufte sich ein dickes Buch mit Mozarts Klaviermusik, und wenn sie jeden Abend angewidert und erschöpft nach Hause kam, setzte sie sich hin und arbeitete sich durch eine Sonate.

Ich erzähle ihr, über welches Thema ich zu schreiben vorhabe.

»Wir wurden gebeten«, sagt sie, »viele Männer in Melbourne zu betreuen, die als Kinder in Fußballvereinen sexuell missbraucht wurden. Bei den höheren Funktionärskreisen von Victoria sind wir abgeblitzt. Möchtest du mehr erfahren?«

Nein, nein, nein, nein, nein. Das will ich nicht. Was für eine Närrin ich doch bin, denke ich, als ich vom Pilates nach Hause gehe. Ich war drauf und dran, dieses Spiel zu idealisieren und es als homerischen Kampf darzustellen, voller edler männlicher Bräuche, als brauchbare ethische Erziehung für Teenager – und jetzt höre ich, dass es korrupt ist, durchsetzt von Bösem, genau wie alles andere auf dieser Welt. Warum zum Teufel bin ich schockiert? Wie könnte es anders sein? Es ist eine verdammte Institution, und das hier ist der Planet Erde.

Warum halte ich nicht den Mund, wenn mich Leute fragen, worüber ich schreibe? Ich bin überrascht, wie viele Leute voreilig zu dem Schluss kommen, dass es sich um etwas Polemisches handeln müsse, eine kritische Studie über die Footykultur und ihren Platz in der Gesellschaft, informativ, analytisch, statistisch. In Wirklichkeit versuche ich, über Fußball und meinen

Enkel und mich zu schreiben. Über Jungs in der Blüte ihres Lebens. Eine kleine Lebenshymne. Ein Gedicht. Die Aufzeichnung einer Saison, die wir gemeinsam verbringen, bevor er zum Mann wird und ich sterbe.

JUNI

Amby ist heute krank, Halsschmerzen. Er liegt auf der Couch nebenan. Gegen Nachmittag schreibt er mir eine SMS: »Hast du die Pastinaken, die wir gekauft haben, schon gekocht?«

–

In der Mid-Season-Draft stößt ein neuer Spieler zu den Bulldogs: ein dunkelhaariger Zwanzigjähriger mit einem dramatisch hohlwangigen Gesicht, einer langen, strähnigen Vokuhila-Frisur und einem Schnurrbart. »Poulter«, berichtet die Zeitung *The Age*, »sagt, dass seine besten Eigenschaften wahrscheinlich seine Lauffähigkeit und sein Ballgefühl sind. ›Mein Lauf- und Passspiel – ich spiele meistens auf der Außenbahn und als Halfback, also versuche ich, meine Beine viel einzusetzen. Ich habe auch das Gefühl, dass ich einen guten Schuss habe, also versuche ich einfach, durchzudringen und zu …‹« An dieser Stelle ist in meinem Notizbuch ein Strich nach unten, weil ich eingeschlafen bin.

–

»Ich bin voll und ganz für das Ausleben des inneren

Biests«, schreibt mir der Lebensgefährte meiner Nichte, ein Deutschprofessor. »Ich kenne den Gefühlszustand dieser Jungen nach dem dritten Viertel ziemlich gut, obwohl es für mich in der Rugby-Liga und beim Soccer ja nur eine Pause gab, in der Halbzeit, mit den obligatorischen geviertelten Orangen. Ich konnte den Zustand meines eigenen inneren Dämons an meiner Reaktion auf diese Orangensegmente messen. Später interessierte ich mich für die ethischen Grundsätze auf dem Spielfeld: Was tun, wenn man sich bei einem animalischen Reflex ertappt oder man einen solchen durch einen anderen erlebt? Oft wurde mir in der Hitze des Gefechts prophezeit, dass ich ›im Leichensack‹ abtransportiert werden würde. Einmal wurde ich am Ende eines Spiels, das wir locker gewonnen hatten, von einem hitzköpfigen Argentinier von hinten niedergeschlagen. Er hätte mir den Kiefer brechen können – ich hatte Glück. Ich hatte drei Tore geschossen und auf Provokationen, die über das Spielende hinaus dauerten, mit einer letzten Stichelei geantwortet: ›Wie ist der Spielstand, Kumpel?‹ Prompt flog die Faust.«

–

»Damals in der U10«, erzählt Amby am Küchentisch, »spielten wir gegen eine wirklich fiese Mannschaft – sie traten und schlugen und so weiter. An diesem Tag führten wir mit zwei oder drei Toren, und eins der anderen Kids schoss ein Tor, ein richtig schönes Tor, und als er vorbeirannte, drehte er sich zu mir um, zeigte mir den Stinkefinger und sagte: ›Nimm das, du Fotze‹. Ich hatte das noch nie jemanden sagen hören!

Klang sehr unhöflich! Ich erzählte meinem Vater auf dem Heimweg im Auto davon, und er sagte: ›Ambrose, nenne niemals jemanden eine Fotze‹, und ich so: ›Nein, werde ich nicht, werde ich nicht, werde ich nicht!‹ Aber ich hab's doch getan, gestern, im Spiel.«

»Autsch! Hat es jemand bemerkt?«

»Na, der Junge, zu dem ich es gesagt habe, hat es bemerkt.«

»War er gekränkt?«

»Ich glaube nicht.«

–

Amby hat wieder Covid. Die ganze Woche kein Training. Am Sonntagmorgen, nachdem er zwei Tage lang negativ getestet wurde, steht er auf und besteht darauf, zu spielen. Ich muss zum achtzigsten Geburtstag eines Freundes und verpasse unsere Niederlage gegen Newport, das uns mit zwei Punkten Vorsprung schlägt. Ambys Vater sagt, die Schiedsrichterleistung war »haarsträubend: vier zweifelhafte Freistöße im letzten Viertel«.

Am Montagmorgen kommt Amby um 7:30 Uhr in meine Küche.

»Ich brauche drei Orangen.«

Er trägt ein weißes Unterhemd, und sein Haar ist nass vom Duschen. Er legt seinen Arm um mich: »Habe ich dir gesagt, dass ich der zweitbeste Läufer war?«

»Hurra!«

Er gönnt sich ein Strahlen und Lachen.

»Und wer war der Beste?«

Im Chor sagen wir: »Jake.«

Jake ist ihr Topspieler. Er ist immer der Beste.

–

Zwei junge Fensterputzer sind hier. Ich sage zu dem Jüngeren:

»Spielst du Fußball?«

»Nein. Aber ich mag es.«

»Bist du Fan eines Teams?«

»Ja. Collingwood.«

»Oh. Dann freust du dich bestimmt auf die Saison.«

»Ja.«

»Ich bin Fan der Western Bulldogs.«

»Das ist ein gutes Team.«

»Schon, leider lassen sie gegen Spielende immer nach, und ich weiß nicht, warum.«

Er zuckt mit den Schultern und wringt einen Lappen aus: »So ist Footy eben.«

–

Montagabend – und jetzt hat sich Archie Covid eingefangen. Die Jungs müssen sich heute Abend selbst trainieren. Das kann ich mir nicht entgehen lassen.

Archies Vater taucht am Spielfeldrand mit einer Nachricht auf. »Lachie Neale aus Brisbane«, erzählt er auf seine sympathische Art, »sagt, dass er den Ball jeden Tag mindestens tausendmal fängt oder wirft, und deshalb patzt er nie. Also möchte Archie, dass ich dem Team sage, dass jeder wenigstens 300 Ballkontakte haben soll.«

Ich bin mir nicht sicher, ob ich lachen darf, aber ich kann nicht anders.

Er lacht auch: »Schon als Kind hat Archie es geliebt, Wettkämpfe zu organisieren – wir hörten ihn immer die Spielstände verkünden.«

Er geht weiter, mit seinem Hund. Jetzt bin ich hier die einzige Erwachsene. Nicht, dass es jemandem auffällt oder interessiert. Wie immer bin ich für sie unsichtbar. Es ist dunkel, die hohen Lichter strahlen grell nach unten; zum Glück habe ich meinen Hut auf. Ich lehne mich an das Geländer in der Nähe der Stelle, an der die Jungen ihre Taschen und Jacken, Straßenschuhe und Wasserflaschen abstellen. Sie begrüßen sich mit einem schnellen Handschlag, den Arm tief und locker geschwungen. Boof ist nach einer Verletzung wieder da. Alle lieben Boof. Ohne ihn fehlt etwas. Er strahlt gute Laune und Selbstvertrauen aus: sein nettes, ansprechendes Gesicht, seine muskulösen Beine, seine soliden, unauffälligen Fähigkeiten. Während er seinen Rucksack ausleert, redet und lacht, nimmt er zwei kräftige Züge von seinem Asthmaspray.

Anführer scheint Remy zu sein, der größte und »männlichste« von allen, ein geborener Anführer mit der lautesten und durchsetzungsfähigsten Stimme. Ohne ihren Trainer laufen die Jungen ratlos in der Nähe des Spielfelds herum und kicken die gelben Bälle ziellos gegen die Pfosten und in die Dunkelheit neben der Skateboard-Rampe.

Remy ruft sie zusammen und zur Ordnung: »Jungs – kein Herumtrödeln, klar? Nicht kicken – nicht kicken, Jungs. Wenn ihr kickt, holt euch den Ball zurück – ich habe gesehen, wie einige ihn einfach weggekickt haben!«

Sie beginnen das erste komplexe Manöver, rennen

und spielen sich den Ball zu und rufen sich gegenseitig – dreifach – beim Namen. Diese Vertrautheit, die Bindekraft eines Namens, die das Team zusammenschweißt, das Wissen umeinander, der gegenseitige Appell: *Vertrau mir! Ich bin hier! Ich bin bereit!*

Ein Vater kommt ein paar Meter weiter ans Geländer; kenne ich ihn? Ich bleibe eine Weile, wo ich bin, und schleiche mich dann an ihn heran. Er begrüßt mich mit einem Nicken und einem Lächeln.

»Hallo«, sage ich, »Welcher ist Ihrer?«

»Anthony.«

»Anthony?«

»Boof.«

»Oh! Ich bin Ambys Großmutter.«

»Amby kenne ich schon seit der U10.«

Während wir zuschauen, erzählt er mir von den Tagen, als er sie trainierte: »Damals waren sie so klein. Und jetzt? Jetzt sind sie fast schon Männer!«

»Warum heißt Boof Boof?«

Er holt sein Handy heraus: ein kleiner Junge mit einer Menge schwarzer Locken, die ihm aus dem Kopf quellen.

»Er hatte schon immer diese üppige Haarpracht. Und dann sehen Sie sich das an.«

Das nächste Foto zeigt den Kopf eines Jungen im Profil, mit einem Bürstenschnitt bis auf die Kopfhaut, und daneben, auf einem Tisch, eine große Menge dicht geflochtener dunkler Haare.

»Es war für einen wohltätigen Zweck. 7000 Dollar kamen zusammen. Das Geld wurde dem Kinderkrankenhaus gespendet, und die Haare gingen an eine Wohltätigkeitsorganisation, die Perücken für Kinder herstellt, denen wegen ihrer Krankheit die Haare ausgefallen sind.« Er steckt das Handy in die Tasche. »Man kann nicht sagen, dass Boof ein Naturtalent im Fußball war. Er war früher pummelig. Er liebte alles am Fußball, außer dem Laufen. Aber er hatte schon immer einen klaren Kopf. Er wusste, dass er es ohne Laufen nicht weit bringen würde. Also hat er sich darauf konzentriert. Er hat sich den Hintern aufgerissen. Bei seinen ersten drei Trainingseinheiten hat er sich übergeben.«

Auf dem Spielfeld liegt jemand. Andere halten inne und sehen nach ihm.

Ich mache ein »Oma«-Geräusch: »Oh, ich hasse es, wenn sie sich verletzen.«

Der Junge kämpft sich auf die Beine und trottet weiter.

»Ja, die Verletzungen«, sagt Boofs Vater. »Es ist ein hartes Spiel.«

»Haben Sie Angst?«

Er schaut mich an: »Angst?«

»Es hat keinen Sinn, Angst zu haben, oder?«, sage ich hastig.

Er gibt nicht gleich Antwort.

»Mir ist aufgefallen«, sagt er und wendet sich wieder dem Spiel zu, »dass meist diejenigen verletzt werden, die halbherzig sind, die ein bisschen ängstlich und langsam sind, die sich zurückhalten. Die kleineren Spieler, die sehr schnell sind, können sich leichter aus der Affäre ziehen. Aber ich erinnere mich, dass Amby sich, seit ich ihn kenne, nie zurückgehalten hat. Er hat sich immer voll reingehängt.«

Drei andere Väter, die sich zu uns ans Geländer gesellt haben, sind erstaunt, wie gut organisiert und fleißig die Jungs heute Abend sind, ohne ihren Trainer.

»Sie entwickeln sich jetzt wirklich zu einem Team, nicht wahr?«, sage ich.

»Ja«, sagt der Vater von Tommy und Ned. »Vor ein paar Jahren wären sie ohne Trainer einfach auf dem Platz gestanden und hätten eine Stunde lang Banana-Bälle geübt.«

–

Am Sonntag haben sie kein Spiel, daher fehlen beim Donnerstagstraining einige Jungs. Eine wunderschöne Nacht, dunkel, aber klar. In der scharfen Winterluft sind die großen Gebäude der Stadt am östlichen Horizont nicht mehr als tausend winzige goldene Quadrate auf einer Wand aus schwarzem Samt. Meth ist schwer erkältet. Aber Archie ist von Covid genesen: »Ich habe achtundvierzig Stunden geschlafen, danach ging es mir wieder gut. Kommt schon, Jungs! Verteilt euch! 20-Meter-Schüsse!«

Ihr lautes Gejohle. Das ständige Abklatschen, die winzigen Grußgesten. »Sei gefährlich!« »Ich *bin* gefährlich!« Ich werde nie aufhören, mich darüber zu wundern, wie ein getretener Ball schwungvoll in Richtung der Seitenlinie springt, sich um sich selbst dreht und kurz vor dem Überqueren der Linie liegen bleibt.

»Ich werde sechs von euch auswählen«, ruft Archie, »und euch bitten, mir etwas Gutes und etwas Schlechtes über das zu erzählen, was wir in dieser Übung gemacht haben!«

Ihre Antworten sind nicht zu hören. Sie versammeln sich in einem Kreis, alle außer Angus, der allein herumlungert, sich bückt, um sein Schienbein zu untersuchen, darüberstreicht, dann mit verschränkten Armen und einem übertrieben angewinkelten Bein dasteht und auf den Boden starrt. Heute Abend scheint er gereizt, belästigt Leute, stößt jeden, der in seine Nähe kommt, weg. Er hakt sein Bein um den Knöchel eines anderen Jungen, packt mit beiden Händen dessen Oberschenkel und zieht daran. Die anderen werden langsam sauer auf ihn. Ein Junge scheint einen anderen davon abzuhalten, auf ihn loszustürmen.

Der Wind dreht, und die Temperatur sinkt. Ich schlottere auf der Rückenlehne meiner Bank, an der ein etwa achtjähriger Junge, der geduldige jüngere Bruder von jemandem, sein Fahrrad abgestellt hat. Ich kuschle mich in meinen dünnen Mantel und beobachte, wie dieses Kind, sobald die Mannschaft zum anderen Ende des Platzes stürmt, die Gelegenheit nutzt, um mit einem der Ersatzbälle, die auf dem Rasen verstreut liegen, einen Torschuss zu versuchen. Er schießt vorbei. Versucht es erneut. Sieht, dass ich zuschaue, und strengt sich mehr an. Trifft. Trabt mit zur Schau gestellter Lässigkeit davon. Dann bemerkt er, dass sein Fahrrad an meiner Bank lehnt, und rennt los, um es wegzuschieben: »Sorry!«

Auf der Heimfahrt sagt Amby, der keuchend und schwitzend neben mir sitzt: »Also, ich bin wieder da.«

»Wieder da? Deine Verletzungen sind weg?«

»Ja. Mein Bein tut nicht mehr weh. Ich habe wirklich gut trainiert.«

Ein angenehmes Gefühl der Ruhe erfüllt das Auto, während wir den Hügel hinunter, am Women's Peace Garden vorbei und bis zur Kreuzung in der Nähe der Pferderennbahn fahren.

Ich frage: »Was hat Angus heute Abend so genervt?«

»Keine Ahnung. Er hat sich ständig beschwert, dass ihm niemand den Ball gibt. Als ich einen fing, hab ich ihn direkt zu ihm gekickt, das war ein wirklich guter Schuss, und er – hat den Ball fallen lassen. Danach hat ihm niemand mehr einen zugespielt.«

–

In der Straßenbahnlinie 59 hält ein junger schwarzer Mann zärtlich einen vierstöckigen, mit Gummibändern gesicherten, an den Seiten offenen Behälter auf seinem Schoß. Mit Eiern. Ein Mann, der hundertzwanzig Eier trägt? Er sieht, wie ich sie zähle, und lächelt mir zu, mit einem 100-Watt-Lächeln, einem witzigen Schmunzeln voller Selbstironie für die seltsame Figur, die er abgeben muss.

–

Amby hat beschlossen, sich auf die Schule zu konzentrieren. Prüfungen stehen bevor. Ich strecke meinen Kopf durch seine Tür: Das Bett ist gemacht, der Boden aufgeräumt. Über dem leeren Schreibtisch kleben Mannschaftsfotos an der Wand.

»Gut gemacht. Das sieht ordentlich aus.«

An einer Wand lehnen zwei Surfbretter in ihren Hüllen.

»Warum stellst du die Dinger nicht in den Schuppen?«

»Nee. Hab sie gern in meiner Nähe.«

–

Ambys Mutter und ich trinken einen Kaffee und essen Toast in einer Bar in der Little Bourke Street. Aus einer sehr eleganten Anlage ertönt Musik. Während wir essen, beobachten wir durch die hohen Fenster einen Mann, der auf einem einfachen Haufen Bettzeug im Eingang eines geschlossenen Geschäfts auf der anderen Seite der schmalen Straße liegt.

Er ist etwa fünfzig, groß, hat eine Glatze, und sein Gesicht ist vom Leben auf der Straße gezeichnet, aber er wirkt völlig souverän. Lehnt sich zurück, redet und lacht und hört zu, in Gesellschaft seiner imaginären Freunde. Ich schaue immer wieder zu ihm hinüber: Sein Mund öffnet und schließt sich, als würde er freundlich sprechen; er schließt ihn, während seine Phantomgefährten ihre Kommentare abgeben; er grinst und lacht und fügt einen Satz hinzu, dann entspannt er sich eine Weile auf dem Rücken und lässt seinen Blick über die fleckige und abblätternde Wand seiner provisorischen Unterkunft schweifen. Ein Mann, der seine Situation im Griff hat. Ich kann mir nicht vorstellen, wer den Mut hätte (das, was meine Mutter »das Fell« nannte), ihm zu befehlen, weiterzuziehen.

–

Am Freitagabend gehen Amby und sein Kumpel Macca ins Marvel, um sich das Spiel der Bulldogs gegen Port Adelaide anzusehen. Ich schaue es mir im Fernsehen an, ein schockierender Nervenkitzel. Port Adelaide ist ein tolles Team, aber für mich verabscheuungswürdig – sie haben die Tendenz zu einer Art schadenfroher Gewalt. In einem Handgemenge landet ein Dogs-Spieler auf dem Rücken auf dem Boden, ein Spieler von Port Adelaide drückt ihn nach unten und greift nach seinen Eiern! Er quetscht sie! Es ist nicht zu übersehen! Schiedsrichter, pfeifen Sie ab! Ein paar solch fieser kleiner Kämpfe und die Dogs versagen vor dem Tor – blanker Psychoterror. Und doch beruhigt es meine Nerven, wie sich die beiden Teams nach der Sirene wieder vertragen – die Jungs reden miteinander, schütteln sich die Hände und lachen, nachdem sie sich zwei Stunden lang an die Gurgel gegangen sind.

Macca übernachtet bei mir. Am späten Vormittag höre ich irgendwo im Haus Männerstimmen. Ich strecke meinen Kopf durch die Tür des Gästezimmers. Amby und Macca sind schwer bei der Arbeit, analysieren das Spiel, während sie das Bett neu beziehen, in dem Macca geschlafen hat.

»Wie war letzte Nacht?«, frage ich.

»Oh«, sagt Macca, »es war schrecklich. Schockierend. Und der Schiedsrichter! Der Schiedsrichter war verrückt. Als sie dieses Tor aberkannt haben! Sie haben es aberkannt! Das war so niederschmetternd!«

Amby sagt nichts und konzentriert sich voll und ganz auf die Hausarbeit. Sie machen eine Riesensache daraus – drehen die Bettdecke hin und her, garnieren das Bett mit Kissen und Polstern, ordnen neu, verteilen neu, begutachten das Ergebnis mit dem Kopf auf der Seite, beginnen von vorn, immer mit tiefer Ernsthaftigkeit, als würde es sich um eine komplizierte Aufgabe handeln.

Dann gehen sie Schlittschuh laufen.

Während ich das Geschirr abwasche, setze ich meine neuen Kopfhörer auf und höre drei Fußballkommentatoren zu, die über die Western Bulldogs sprechen. Deren Trainer, Luke Beveridge, verliert anscheinend den Überblick: Die Dogs sind ein Team voller erstklassiger Spieler, aber aus Gründen, die niemand versteht, wechselt Beveridge jede Woche auf den Schlüsselpositionen, was dazu führt, dass das Team einbricht und eine Niederlage kassiert.

Kommentator 1: (feierlich) »Bevo ist wie ein Typ, der einen tollen Sportwagen hat, aber den falschen Kraftstoff tankt.«

Kommentator 2: (mit einem flapsigen Lachen) »Wo hast du das denn her?«

Kommentator 1: (hochnäsig) »Das ist eine Metapher, Kumpel.«

Kommentator 3: (aufgeregt) »Ja! Er hat einen Ferrari und tankt Diesel!«

Den Rest des Vormittags verbringe ich auf YouTube, wo ich auf »Die größten AFL-Torpedos aller Zeiten« stoße. Mein Gott, diese winzigen Shorts, die sie in den 80ern trugen! Erstaunlich riesige, himmelhohe Kicks. Es spielt keine Rolle, wie oft mir der Torpedo erklärt wird, ich könnte ihn immer noch nicht definieren, und hinge mein Leben davon ab. Und doch bekomme ich Gänsehaut, wenn der Kommentator mit fanatischer, heiserer Stimme schreit: »Und er hat nen TOOOOOORP geschossen!«

–

In der Küche wirft Amby den Kaffeesatz in den Komposteimer. Ich muss ihn immer hineinschaben, aber er macht es mit einem einzigen, scharfen Klopfen und einer Drehung des Handgelenks.

»Merkst du, dass deine motorischen Fähigkeiten besser geworden sind, seit du Footy spielst? Ich meine, im normalen Alltag?«

»Ja. Es fällt mir leichter, Dinge zu tun. Dinge zu bewegen.«

–

Auf der Website der Western Bulldogs sehe ich, wie Bob Murphy, ihr geliebter ehemaliger Kapitän, in die Hall of Fame des Teams aufgenommen wird. Etwas Weiches in seinem Gesicht, seine stille Anständigkeit, berührt mich immer wieder. Sein lockiges braunes Haar wird grau. Aus der Tasche seines Anzugs zieht er ein zerknülltes Blatt gelochten Papiers und wirft einen Blick auf das, was er darauf gekritzelt hat.

»Heutzutage wird viel Gefühlsduselei um das Thema ›Familie‹ betrieben. Aber Footy ist kein Ponyhof. Es ist ein hartes Spiel. Es entlarvt dich. Es entlarvt all deine Schwächen, aber auch deine Talente. Einmal habe ich mir in einer Trainingseinheit den Finger verstaucht. Ich sage: ›Ich habe mir'n Finger verstaucht.‹ Und Tony Liberatore knurrt mich an: ›Du hast noch neun andere.‹«

Der aufgedrehte Interviewer fragt ihn, ob seine Kinder und Enkelkinder stolz auf ihn sein werden, wenn er diese Ehre erhält.

»Meine Kinder«, sagt Murphy trocken, »pflegen eine solide Verachtung für meine Fußballkarriere.«

–

Ich erwache um 3 Uhr morgens, mit einer seltsamen, diffusen Panik, mit kalten Beinen und Füßen, halb noch in der Traumwelt, halb im Glauben, wach zu sein: Mir ist, als hätte ich vergessen, etwas über eine andere Art von Fußball zu schreiben, nicht den der AFL, den ich fast täglich studiere. Der Ball hat eine seltsame Form und einen harten, metallischen Glanz, die Spieler sind in weite weiße Gewänder gekleidet. Nur sehr langsam tauche ich auf aus dieser Welt, spüre schreckliche Angst. Wie kann ich diese Pflicht vernachlässigt haben? Wo sind meine Notizen? Was habe ich mit meinen Notizen gemacht? Ohne sie kann ich mich an keines der Spiele erinnern! Die Details, die Ereignisse – sie sind mir alle entfallen. Ich bin schwach vor Angst und Verzweiflung. So liege ich da, krank vor Kummer, bis mein Geist sich sammelt und nach und nach zu mir zurückkehrt, und ich höre mich laut sagen: »Es war nur ein Traum!« Ich arrangiere mein Bettzeug neu und schlafe wieder ein.

–

Ich nehme ein Tuch aus dem Schrank und zerre mir bei dieser minimalen Armbewegung einen Rückenmuskel. Meine Pilates-Lehrerin arbeitet gegen den Schmerz, und er breitet sich über meinen gesamten unteren Rücken aus, lässt dann allmählich nach, und am Abend ist es wieder gut.

–

Ich fahre Amby zum Training, bleibe aber nicht da. Um diese Pflichtvergessenheit wiedergutzumachen, gehe ich auf die Website der Bulldogs und studiere die Spieler beim Training, ihre anmutigen Körper, und Brad Johnson (in unserer Familie immer »Bran Johnsa« genannt, da Amby, als er klein war, dachte, das sei sein Name) erzählt auf seine launige Art von den Chancen des Teams an diesem Wochenende gegen North Melbourne. Ich schaue mir ein bisschen Port Adelaide gegen Geelong an. Zum ersten Mal in meinem Leben drücke ich die Daumen für die Cats.

–

Als ich Amby im Park abhole, spielen sie gerade gegen die U18. Die letzten zehn Minuten gucke ich zu, aber nicht sehr konzentriert. Weit weg von mir, in der Nähe des östlichen Tors, gibt es einen kurzen Tumult: Jemandem ist ein Fehler unterlaufen, Kinder schreien, und einer der U18-Spieler, ein kleiner, struppiger, stämmiger, gefährlich aussehender Kerl, der kurz zuvor einen Schuss aufs Tor abgegeben und daneben geschossen hat, brüllt: »Was machst du da, du verdammter Idiot? Geh nach Hause! Geh nach Hause! GEH NACH HAUSE!«

–

Amby glaubt, er hat sich den kleinen Finger gebrochen. Ich verkneife mir zu sagen: »Du hast noch neun andere.« Er zeigt mir seine Handfläche. Ein schwacher, aber unverkennbarer violetter Fleck breitet sich von der geschwollenen Stelle in der Nähe seines kleinen Fingers aus. Er jammert nicht. Tatsächlich scheint er sogar ein wenig stolz darauf zu sein.

»Vielleicht ist der Finger nicht gebrochen«, sage ich, »nur stark geprellt?«

»Kann sein«, sagt er ruhig. »Ich werde ihn verbinden.«

Meint man das damit, wenn man von »eine Verletzung durch die Saison schleppen« redet?

–

Am Sonntag geht es gegen Williamstown. Das Bayside College hat gleich drei Spielfelder, aber keines verfügt über Sitzgelegenheiten noch über Zäune oder auch nur Geländer, um sich dran anzulehnen. Nur dieses kolossale, kurzgemähte Oval, das sich mit den Regenfällen der letzten Nacht vollgesaugt hat. Immer wenn jemand bei einem Tackling zu Boden geht, spritzen helle Wasserfontänen in die Luft. Wir können uns das Lachen nicht verkneifen, es ist so grotesk und komisch.

Kalter Wind, kraftlose Sonne.

»Was für ein kristallklarer Tag«, sagt Ambys Vater. »Die Eukalyptusbäume biegen sich im Wind. Wie sich dieser Torpfosten neigt! Vielleicht richten sie sie jedes Viertel neu aus.«

Die Sirene ist seltsam schrill und schwach. Auf diesem riesigen Spielfeld habe ich Mühe, dem Geschehen zu folgen. Alles ist so weit weg. Fünf oder sechs Mal während der Begegnung kommt die Action in die Nähe unserer Elterngruppe, wo ich neben Meths Mutter stehe – dann ist das Getümmel fast zum Greifen nah. Wir zucken zurück vor so viel Geschwindigkeit, den schiebenden, keuchenden Körpern, dem heiseren Geschrei: »Abgeben! Mach es!« Die donnernden farbigen Stiefel, der Schlamm, die unglaubliche Konzentration in den Gesichtern. Wo sind unsere Jungs? Ah, da ist Meth, der sich aus der Meute löst, wir alle schreien seinen Namen: »Meth! Meth! Los, Meth!«

Und zum ersten Mal wird mir angeboten, eine der Damen zu sein, die in der Pause die Orangenschnitze verteilt.

»Los, Hel!«, sagt Ambys Mutter zu mir – eigentlich ist sie dafür eingeteilt. »Du machst das!«

Ich schnappe nach Luft. »Ich? Wie soll das gehen?«

»Was glaubst du denn? Sobald die Sirene ertönt, gehst du zu dem Haufen, nimmst den Deckel von der Kiste und hältst sie ihnen hin!«

Zum Haufen? Ich? Ganz allein? Aus dem Augenwinkel sehe ich, wie der feine Pelzbesatz der Kapuze von Meths Mutter im Wind zittert.

»Kommst du mit?«

Wir gehen los und bahnen uns einen Weg durch das durchnässte und zertrampelte Gras. Wir sind sehr ängstlich und schüchtern und aufgeregt, halten unsere Gabe hoch, die große quadratische Plastikbox mit den Orangenschnitzen und eine braune Papiertüte für die Schalen. Die schlammverschmierten, keuchenden Jungs drängeln sich um uns herum, überragen uns, greifen mit der Faust nach den Früchten und bedanken sich zu meiner Überraschung höflich! Sie lächeln uns an! Aus unmittelbarer Nähe sehen wir ihre weichen Gesichter und extravaganten Haarschnitte, ihre Pickel, ihre noch dünnflaumigen Schnurrbärte. Man kann sie nur lieben. Es ist eine Ehre und eine Freude, ihnen zu Diensten zu sein.

Gegen Ende des letzten Viertels, als wir weit vorne

liegen, bricht auf der anderen Seite des Spielfelds eine Schlägerei aus.

Archie murmelt vor sich hin: »Oh, warum muss *das* denn jetzt sein?«

Da kommt Angus, trottet den ganzen Weg zurück zum Coaching-Bereich.

Trainer: (empört) »Bist du vom Platz gestellt worden?«

Angus: (mit leiser Stimme) »Anscheinend habe ich angefangen.«

Archie: »Was ist passiert?«

Angus: »Offenbar habe ich ihn umgehauen.«

Archie: »Jetzt sind wir ein Mann weniger. Da muss doch was zu machen sein.« (Zu einem Spieler) »Geh und sag dem Schiedsrichter, dass wir nur noch siebzehn Mann sind.«

Der Spieler kommt zurück: »Er sagt, wir können noch einen aufs Feld schicken, aber nicht Angus.« Archie: »Die haben Angst vor dir, Angus.«

Ich glaube, Angus hatte etwas, das man den ›roten Nebel‹ nennt, einen Wutanfall, während dem man komplett die Kontrolle verliert. Dafür wird er für eine Woche gesperrt werden. Kurz vor dem Schlusspfiff steht Liam, der ausgewechselt wurde, an der Seitenlinie neben seinem Trainer und zittert am ganzen Körper.

–

Die Bulldogs haben North Melbourne geschlagen. Dieser Bont! Seine stille, zuverlässige Brillanz. Wo kommt so ein Mann her? Cody Weightman schießt sechs Tore und setzt einen Knaller: stapft mit großen

Schritten den Rücken von Norths Griffin Logue hinauf, wie ein Mann, der eine Treppe hinaufrennt. Später stöbere ich im Internet und erfreue mich noch einmal an Weightmans Luftnummer, während der Kommentator aufheult, als er über den 2,10 m großen Max Gawn hinwegfliegt: »Weightmaaaaaaaan! Was für ein Kletterkünstler! Der kleine Mann hat sich einfach auf Max' Kopf gesetzt!«

–

Amby scheint ziemlich niedergeschlagen zu sein.

»Ist es dein Finger?«

»Nein. Er schmerzt ein wenig, aber ich bandagiere ihn für das Training und die Spiele.«

»Du wirkst nicht glücklich. Was ist los?«

»Mädchen«, sagt er, »sind der Fluch meines Daseins.«

Ich beschließe, nicht nach Einzelheiten zu fragen.

In der Küche bereitet sein Vater köstliche kleine Pizzen mit Knoblauch, Sardellen und dünnen Mozzarellascheiben zu. Wir kommen auf das Thema Schuld und Sühne zu sprechen.

»Ich weiß nicht«, sage ich, »warum Katholiken immer über Schuld reden, als hätten sie es schlechter als Protestanten. Bei ihnen darf man beichten und bekommt Vergebung. Wir müssen uns selbst darum kümmern. Es gibt keinen Priester zwischen uns und Gott.«

Ambys Vater, ein angewiderter Ex-Katholik, von dessen Lehrern mehrere wegen sexuellen Missbrauchs im Gefängnis sitzen, erzählt von den lächerlichen kleinen Sünden, die er sich für die wöchentliche

Beichte im Internat ausgedacht hat. Er hat nichts als Abscheu und Verachtung für dieses Sakrament übrig.

»Hast du jemals aufrichtig gebeichtet?«

»NEIN!«

»Warum nicht?«

»Weil ich nicht daran GEGLAUBT habe! Ich war ein dreizehnjähriger Junge! Ich hatte nichts VERBROCHEN!«

Seine beiden Söhne stehen an die Küchenbank gelehnt, kauen die salzigen Happen, hören zu und sagen nichts.

–

Wie sich herausstellt, wurde Angus wegen seiner Tätlichkeit für zwei Wochen gesperrt, ebenso der Junge aus Williamstown. Jemand hat Amby erzählt, dass unser Club eine Geldstrafe von 500 $ zahlen muss, aber Amby weiß nicht, ob das stimmt. Wir sprechen über den »roten Nebel«. Ambys Mutter fragt ihn, ob er das schon einmal selbst erlebt hat. Er verneint.

»Wenn eine Schlägerei anfängt, bist du dann versucht, dich einzumischen?«

Er sagt ja, er sei aber immer zu weit weg gewesen.

Sein Vater erzählt die Geschichte eines Vorfalls, in den er und seine Freunde John und Hernie eines Nachts in den 80er-Jahren in einem Pizzaladen in der Chapel Street verwickelt waren. Zwei fiese Typen fuhren in einem roten Porsche vor und stürmten herein, um einen Streit vom Zaun zu brechen, obwohl mehrere Familien mit kleinen Kindern anwesend waren, die ruhig an den Tischen aßen. Einer der Typen packt Hernie am Pferdeschwanz, zieht seinen Kopf auf den Boden und schreit: »Warum suchst du dir keinen verdammten Job, du Wichser?«

»Hernie«, sagt Ambys Vater, und seine Wangen sind selbst jetzt noch rot vor Zorn, »war Monteur und Dreher. Er war der ... fleißigste ... also ich« – er hält inne, schaut uns zwei Frauen mit einem unbeholfenen Lächeln an – »ich weiß nicht, wie ich diese Geschichte erzählen soll. Soll ich so tun, als wäre ich der Held, der seinen Freund gerettet hat, oder ...«

»Vielleicht einfach die Fakten erzählen? Und sie nicht interpretieren?«

»Okay. Ich packte den Typen, der Hernie angegriffen hatte, und stieß ihn gegen ihr rotes Auto und schlug ihm ins Gesicht. Ich schlug ihn und schlug ihn und schlug ihn.«

»Hast du ihn k. o. geschlagen?«, fragt Ambys Mutter.

»Ich glaube nicht. Ist lange her. Am nächsten Tag war meine Hand entzündet. Weil menschliche Zähne voller Bakterien sind. Neben meiner Arbeitsstelle gab es einen Tierarzt. Er gab mir ein Antibiotikum und sagte: ›Keine Sorge – das sind genau die gleichen, die Menschen nehmen.‹«

»Sind die beiden Typen in ihrem Porsche weggefahren?«

»Nein. Sie haben uns weiter verfolgt. Wir saßen in unserem Bandbus. Wir wussten nicht, wer sie waren oder wen sie kannten oder wer ihre Freunde waren – vielleicht kannten sie Rocker –, also fuhren wir zur Polizeiwache in St. Kilda, parkten davor und blieben dort, bis sie wegfuhren.«

Wir sitzen alle schweigend da und denken nach. Die Gesichter der Jungen sind versteinert. Können sie sich vorstellen, dass ihr Vater mal solche Dinge getan hat? Tun musste?

–

Wintersonnenwende und niemand außer mir schaut beim Training zu.

»Für den ersten Ball, der den Boden berührt«, ruft Archie, »gibt's fünf Liegestütze.«

Es ist kalt genug für Handschuhe. Angus zieht seinen Pullover aus und trainiert, mit nichts an als weiten Shorts und einem weißen Unterhemd. Wann immer er sich davonschleichen kann, sieht man ihn alleine auf ein Tor kicken. Es beginnt leicht, aber stetig zu regnen. Mein Strohhut wird nass. Ich halte fünfzehn Minuten durch und gebe auf, trotte zu meinem Auto, wo ich nichts habe, was mich ablenken könnte. Die Fenster beschlagen.

Ich höre eine entfernte Stimme rufen: Es ist Archie, der Befehle erteilt. Ich versuche nachzudenken, um die verbleibende Stunde sinnvoll zu nutzen. Endlich kommt Amby herein, klatschnass und mit tropfenden Haaren. Als wir losfahren, sehe ich einen großen, schlaksigen Jungen, der von einem kleineren Jungen auf dessen Fahrradstange mitgenommen wird: Er beugt sich vor, hat den Kopf zur Seite gedreht, grinst und winkt.

»Mein Gott«, sage ich. »Das ist Angus da auf der Stange!«

»Er kann so ... nervig sein. Früher war er ein ziemlicher Tunichtgut. Einmal liefen wir bei einem Wettbewerb um den Ball, ich war zuerst dran und nahm ihn auf. Es war noch Cricket-Saison, wir durften auf dem Spielfeld keine Stiefel tragen. Ich machte eine scharfe Kurve, das Gras war nass und rutschig, er versuchte, mich zu verfolgen, rutschte aber aus und fiel hin. Er stand auf und schrie mit ausgestreckten Armen nach Archie. Er sagte: ›Warum haben wir noch keine Stiefel?‹ Und ich sagte: ›Selbst wenn du Stiefel hättest, könntest du mich nicht einholen.‹ Während der gesamten Saison haben wir uns im Training immer wieder gegenseitig geschubst und gestoßen und einander Sprüche mitgegeben – *Du bist Scheiße! Du bist Scheiße!* Keiner sprach es laut aus, aber stillschweigend beschlossen wir, uns beide voll reinzuhängen. Das haben wir getan. Ich mag ihn jetzt wirklich sehr, sehr gern.«

–

Ich prahle vor meinem Freund aus Newcastle damit, dass ich eine der Orangen-Ladys war. Ich beschreibe, wie Meths Mutter und ich uns schüchtern den Spielern näherten und die Obstkiste und die Papiertüte hochhielten. Er kann sich vor Lachen kaum halten: »Das ist wie im Safaripark!«

–

Jetzt habe ich mir eine fiese Erkältung eingefangen. Nasenbluten, Rotzerei ohne Ende, ein Kratzen im Hals wie von einer Rasierklinge, Husten. Covid: negativ, aber tagelang kommt keine Menschenseele in meine Nähe oder erinnert sich an meine Existenz. Ich liege elendig im Bett, mit meiner Wärmflasche, halb betäubt, voller Selbstmitleid, und höre *Radiohead* auf

YouTube. Wie kann es sein, dass ich diese Band all die Jahre verpasst habe? Ich verpasse Ambys Spiel gegen Werribee Centrals. Ich muss SMS schicken, mit der Bitte um Infos.

Meine Schwester schreibt: »Wir liegen nach dem dritten Viertel vorn. 39:16. Hinter unsrer Trainerbank gab es einen ›Spion‹! Jemand, der sagt, er hätte gehört, wie Archie einen ihrer Spieler einen Wichser genannt hat! Sie drohen, ihn anzuzeigen! Das ist noch schlimmer als bei der Stasi!«

Niemand kommt vorbei, um mir den Triumph der Colts zu verkünden. Hier liege ich, vergessen, und suhle mich in meiner Verbitterung.

Endlich schreibt Amby eine SMS: »Schade, dass du nicht da warst. Ich habe beim *Ruck* echt gut ausgesehen. Hier ist ein Foto von meinem Fang. Ich habe leider ganz schöne Schmerzen. Jedes Mal, wenn ich in den Ruck gesprungen bin, hat mich der andere mit dem Knie getroffen. Meine Hüften und meine Brust tun weh.«

»Er hat dich mit dem Knie getroffen? Gib mir seine Adresse. (Hammer-, Bomben- und Sarg-Emojis)«

»Ich habe ihn trotzdem platt gemacht.«

»Das ist mein Junge. War denn deine Herzdame da?«

»Nein, war sie nicht. Sie hatte zu tun.«

»Oh. Das wird nicht dein letzter großer Fang sein.«

»Ich hoffe nicht.«

Ich schicke Ambys Foto an meinen Freund aus Newcastle weiter.

Er antwortet: »Diese nach dem Ball greifenden Jungs sehen aus wie sich windende Bittsteller in einem Druck von Blake.« Man kann sich bei ihm immer darauf verlassen, dass er die Poesie hinter den Dingen sieht.

–

Archie schwört Stein und Bein, dass er keinen der Spieler von Werribee Centrals als Wichser bezeichnet hat.

»Wir führten mit etwa fünfzig Punkten – es gab keinerlei Grund für mich, einem Vierzehnjährigen so einen Spruch mitzugeben.« Doch der gegnerische Trainer sei nach dem Spiel so wütend auf ihn gewesen, dass er ihm nicht einmal die Hand schütteln wollte; er ging einfach weg. Archie war überrascht und bestürzt. »Ich dachte nur: Oh, Scheiße! Das war jetzt aber ziemlich heftig!«

–

Um sieben Uhr morgens taucht ein Klempner auf, um das Loch in meinem Dach zu reparieren: ein zwei Meter großer, schwarzbärtiger junger Handwerker im Blaumann, mit leuchtenden Augen und einem warmen Lächeln. Als er seine Leiter abstützt, fängt unser Hund Smokey zu bellen an.

»Ich liebe Hunde«, sagt er. »Ich hatte zwei, aber sie sind gestorben.«

»Ohhh. Gottes Segen für die beiden. Es ist so traurig, wenn ein Hund stirbt.«

Er bleibt stehen. Eine Welle von Wehmut zieht über sein Gesicht. Seine Augen glitzern.

»Ich habe ihre Namen auf meinem Hals stehen«, sagt er und zieht seinen Kragen zur Seite: Unter seinem Ohr befindet sich eine große Tätowierung mit einem komplizierten Runen-Schriftzug.

Tote Hunde sind meine Verbindung zu diesem rührenden, rührseligen Fremden. Ich könnte ihm von Dozer erzählen, der direkt hinter ihm unter der Kreppmyrte begraben liegt, aber es geht um seine Trauer, nicht um meine.

–

Amby und sein Vater sind zum Surfen gefahren. Footy macht keinen Spaß, wenn die beiden nicht in der Stadt sind. Swans gegen Cats. Was ist nur mit diesen verdammten Schnurrbärten? Sie sollten verboten werden. Sie lassen einen Mann eitel und oberflächlich aussehen. Ein Spiel zwischen zwei Teams, die mir egal sind. Warum sich damit abgeben?

Aber ein paar interessante zwischenmenschliche Details passieren immer. Ein Spieler der Swans, der aussieht wie einer der Bee Gees, bekommt einen Strafstoß direkt vor dem Tor. Er kann eigentlich nicht vorbeischießen, schafft aber genau das. Schnitt zur Trainerbank, wo Buddy Franklin und ein anderer berühmter Typ zugucken. Sie sehen einander an, mit offenem Mund. »Das Unverfehlbare«, verkündet der Kommentator, »wurde verfehlt.« Und am Ende, nachdem die Swans kläglich gekickt haben und es unentschieden steht, und während die Schilder schwenkenden Geelong-Fans über dem Zaun hängen und die Spieler anbetteln, ihnen ihre Stiefel zu schenken (um Himmels willen – seit wann ist DAS denn Mode geworden?), schleicht der Swans-Spieler, der dreimal hintereinander ins Aus geschossen hat, beschämt und mit gesenktem Blick vom Platz. Aber einer seiner Teamkollegen streckt ihm die Arme entgegen, umarmt ihn und küsst ihn auf die Wange. Ein Kuss. Ein Zeichen des Mitgefühls. Es ist noch nicht alles verloren.

–

Ich frage Ambys Vater nach der Regelung, wer bei einem Schiedsrichterball oder einem Einwurf springen darf. Nennt der Schiedsrichter die Namen derjenigen?

»Das«, sagt er, »ist eine dieser dummen und unnötig komplizierten Regeln, die sich die AFL ausgedacht hat. Die Regel besagt, dass sich ein Spieler aus jeder Mannschaft für den Sprung melden muss. Nur einer. Ursprünglich sollte damit verhindert werden, dass alle auf das Spielfeld stürmen.«

»Okay, aber ist das im Voraus festgelegt? Vor dem Spiel?«

»Nein. Das gilt nur für diesen einen Moment.«

»Ich kapier das nicht. Was ist, wenn sich mehr als ein Spieler meldet?«

»Der erste, der sich meldet, ist an der Reihe.«

»Aber was ist, wenn zwei sich gleichzeitig melden? Entscheidet dann der Schiedsrichter?«

»Normalerweise ist der Ruckman da«, sagt er geduldig, »und der bestimmt dann.«

»Und wenn er nicht da ist, macht es dann irgendwer?«

»Ja.«

Lange Pause.

»Und der Schiedsrichter verkündet die Namen der beiden Spieler, die benannt wurden?«

»Ja. Normalerweise kennen die Schiris die Namen aller Spieler auf dem Spielfeld. Und wenn nicht, dann gehen sie nach den Nummern.«

»Aber – wie können sie die Nummern sehen, ohne dass die Spieler sich umdrehen müssen?«

Ich mache eine Pause, während ich die Nudeln esse, die er mir gerade serviert hat.

»Es ist verdammt lächerlich«, sagt er. »Sie erfinden komplexe Lösungen für Dinge, die kaum ein Problem darstellen. Ich finde, man sollte einen Mann von jedem Team nominieren; und wenn sich ein zweiter Spieler einmischt, bekommt das andere Team einen Freistoß.«

Ich werde dieses Spiel nie verstehen. Außerdem ist es mir egal. Ich laufe im Haus herum, denke naiv darüber nach, schreie, singe, rede mit mir selbst. Die ganze Zeit. Sagt das etwas über mich aus? Ist das psychopathisch oder beängstigend?

JULI

Ich erreiche unseren Park an einem Sonntagnachmittag im Juli, um Ambys Team beim Spiel gegen Werribee District zuzusehen. Ein Spiel der Youngsters ist im Gange. Die Anzeigetafel zeigt ein verstörendes Ergebnis: HEIM 00.00 (00) GÄSTE 26.19 (175). Solche Zahlen können doch nicht wahr sein? Ist das ein Witz? Die Sirene ertönt, die Teams verlassen das Spielfeld. Ich glaube nicht, dass ich sie mir überhaupt ansehen sollte. Ich lungere unter den Bäumen in der Nähe der Cricket-Netze, bis die U16-Spieler herauskommen. Wie blass, trockenhäutig und pickelig die Jungen in der kalten Wintersonne aussehen.

Sie halten am Eingangstor an. Die Leute auf dem Feld halten ein Banner hoch, durch das sie laufen sollen: »REMY 100«. Einhundert Spiele? Oder einhundert Tore? Remy steht ganz vorne und sieht sich diese Ehrung an. Sein Gesicht ist angespannt. Er rennt auf das Spruchband zu, die anderen rennen hinter ihm her, sie jubeln und klatschen. Auch ich jubele, wenn auch mit einem Kloß im Hals. Er durchbricht das Banner und zerreißt es in bunte Fetzen.

Ich gehe an der Seitenlinie entlang und suche nach jemandem, mit dem ich mich unterhalten kann. Niemand ist da, den ich kenne. Am Zeitnehmertisch sitzen ein Mann und eine kleine Frau, die mit gesenktem

Kopf ein ausgedrucktes Formular studieren. Beide kenne ich nicht. Ich gehe weiter, komme mir einsam vor und fehl am Platz: Es waren Schulferien, es gab kein Training, ich war seit mindestens zwei Wochen nicht mehr hier, bin aus dem Takt. Finde einen Platz in der Nähe der Box, wo der Trainer, die Assistenten und die Athleten stehen. Silas' Großmutter begrüßt mich. Ich freue mich, sie zu sehen; wir schließen uns zusammen, lehnen uns auf das Geländer.

Weit entfernt auf der anderen Seite des Spielfelds hat sich das Team in einem engen Kreis versammelt. Sie brüllen und stampfen mit den Füßen in einem schnellen Rhythmus. Jetzt beginnt das feierliche Ritual des Anstoßes: die Stille, die angespannten Körperhaltungen, die Bereitschaft, die ausgestreckten Arme des Schiedsrichters über seinem Kopf, um den Ball freizugeben, der kraftvolle Ruck nach unten, Anspannung und Explosion.

Und die schweren Kerle scheinen zu fliegen. Archie schreit: »Bleib auf deiner Position! Geh nach außen! Mann gegen Mann! Weißt du was, Ned? Du kannst auf dem Flügel spielen. Geh, wohin du willst. Bleib außen!«

Angus, der wegen der Tätlichkeit für zwei Wochen gesperrt ist, ist heute in Zivil hier, hockt in der Nähe der Trainerbank, und seine Hose hängt modisch knapp über den Kniekehlen. Das erste Viertel ist vorbei, und das kalte Licht flackert im Haar der beiden Rothaarigen des Teams. Boof gelingt ein Tor. Großer Jubel; sie lieben ihn. Neds Kopf reicht kaum bis zu Remys Schulter, aber er ist vital, quecksilbrig, hat einen harten Schuss. Der Typ mit den Wasserflaschen übergibt Angus seinen Karton, der somit plötzlich wieder eine Aufgabe hat. Archie steht neben ihm und versucht, ihn aufzumuntern, damit er sich wertvoll fühlt. Archie ruft den Spielern ständig etwas zu, er lobt sie und immer mit Namen: »Gut gemacht, Sam; gut gemacht, Josh. Einer von euch muss ein hartes Tackling hinlegen! Remy und Jake! Kommt her! Macht euch an die Arbeit, Jungs!«

Das Rudel kommt auf uns zu und explodiert zu unseren Füßen – wir springen zurück – das widerliche Aufschlagen von Körpern, ihr raues, atemloses Keuchen. Amby ist da drin und arbeitet, er rutscht an mir vorbei, tief über dem Boden, sein Gesicht angespannt wie eine Faust.

Noch ein Tor und das laute Klatschen von Händen. Ein Regenschauer, so fein und zerbrechlich, dass ich seine schrägen Tropfen sehen, aber nicht spüren kann. Die Wintersonne steht tief und golden, scharfer Wind weht.

Drittes Viertel. Ich gehe näher an das Tor heran, in die Nähe einer Lücke im Zaun. Plötzlich stürmen sie auf mich zu, sie werden mich niedertrampeln, ich bin wie erstarrt, sie werden nicht anhalten, sie können gar nicht anhalten. Ich springe zur Seite, und der Ball rollt an mir vorbei über die Seitenlinie und unter dem Zaun hindurch auf den Weg hinter mir. Ich drehe mich um und laufe hinterher, hebe ihn mit beiden Händen vom Boden auf. Gott, ich kann doch nicht kicken. Das sähe lächerlich aus. Ich hebe den Ball noch weiter hoch, über meine Schultern und werfe ihn dem pummeligen kleinen Linienrichter zu. Der fängt ihn und schenkt mir ein so kameradschaftliches Lächeln, dass sich binnen einer Sekunde meine ganze Existenz gerechtfertigt anfühlt.

–

Amby und ich wollen zum Training fahren. Er kommt singend aus seinem Zimmer und fragt mich: »Willst du dich noch einmal verlieben?«

»Nein.«

»Warum?«

»Wegen des ganzen Kummers, der damit verbunden ist. Warum fragst du?«

»Ich habe gerade ein Lied gehört, in dem es heißt: Ich will mich noch einmal verlieben.«

In diesem Moment stürmt sein älterer Bruder an uns vorbei den Flur entlang. Ich rufe ihm neckisch hinterher: »Bist du verliebt?«

Statt uns zu ignorieren, gibt er ohne zu zögern eine unverblümte Antwort: »Ja«, und verschwindet in seinem Zimmer.

Ich drehe mich um. Amby, der hinter mir steht und seinen Kapuzenpullover anzieht, starrt mich mit runden Augen an. Wir blecken die Zähne und ziehen die Schultern bis zu den Ohren hoch.

Später, nach dem Training, hole ich ihn ab.

»Wie lief es?«

»Gut. Ja. Ich habe gut gespielt. Ich weiß, dass ich immer lamentiere, wenn ich am Montag zum Training gehen muss, weil ich vom Spiel am Sonntag immer so Muskelkater habe. Aber wenn ich am Sonntag schlecht gespielt habe, wie gestern, gibt mir das Training am Montag die Chance, es wiedergutzumachen. Und wenn ich am Montag gut trainiere, bin ich für den Rest der Woche gut drauf.«

»Du meinst für Footy?«

»Für alles. Schule, Fußball, alles.«

–

Archie und ich sitzen an meinem Küchentisch mit einer Kanne Tee und ein paar Plätzchen. Er ist schlaksig und feingliedrig (Asthma seit früher Kindheit, dann Ballett, dann Hip-Hop), ein Typ, der Schwierigkeiten hat, still zu sitzen. Er kippelt auf seinem Stuhl hin und her und wirft sich mit den Armen um den Kopf nach hinten, wenn er lacht. Ich nenne es ein Interview, aber im Grunde genommen tratschen wir nur, erzählen Geschichten und analysieren unverschämterweise den Charakter der Leute.

Er ist sehr zufrieden mit dem Verlauf der Saison. »Die Jungs sagen mir, dass die Chemie im Team so gut ist wie nie zuvor.«

Einige seiner Aussagen beunruhigen mich. »Man muss Risiken eingehen, damit das Team gut ist. Man muss die Schmerzgrenze überschreiten, damit es gut ist. Es ist schon eigenartig, dass wir uns so über unsportliches Verhalten aufregen, wo doch das ganze Spiel von Unsportlichkeit geprägt ist. Tatsache ist, dass man einen Sport ausübt, bei dem man sich verletzen wird. Und das weiß man. Man geht jede Woche aufs Feld und weiß, dass man sich sogar ziemlich schwer verletzen kann. Aber jeder macht das, und jeder liebt es.«

Wir sind uns jedoch einig, dass das Spiel eine Welt ist, in der ein gewisses Maß an Gewalt durch rituelles Verhalten aufgefangen werden kann. Ich schildere mein Lieblingsbeispiel dafür: als Bailey Smith von den Western Bulldogs im Jahr 2022 während einer Keilerei auf dem Spielfeld Zach Tuohy von den Geelong Cats einen Kopfstoß versetzt. Das Grauen, das ich empfinde, als Smith' Kopf wie eine Schlange nach vorne schnellt, der blitzschnelle Aufprall auf Tuohys Stirn, die Art und Weise, wie Tuohy erschlafft und sich mit beiden Händen den Kopf hält und taumelt, der große rote Fleck, der auf seiner Stirn erscheint, sein zerrissenes Trikot, das in Fetzen von seiner Schulter hängt. Ich habe noch nie einen Kopfstoß miterlebt. Mir wird ganz übel. Smith wird des Feldes verwiesen. Nach dem Schlusspfiff mischen sich die beiden Teams auf dem Feld. Die Kamera fängt Tuohy ein, allein im Bild, mit ausgestreckter rechter Hand und einer Geste, die mir den Atem raubt – ist das – kann das denn sein? Die Kamera geht näher ran und zeigt den Mann, auf den er zugeht: Es ist Smith, der sich ihm zuwendet und ihm die Hand reicht. Sie schütteln sich die Hände, umarmen sich und gehen lachend mit den Armen über den Schultern des anderen davon.

Auch Archie lacht – vor Freude über mein Erstaunen und meine Bewunderung. »So sind Männer!«, ruft er.

Und dann überbringt er mir die schlechte Nachricht: Boof verlässt die Stadt. Er wird für ein paar Monate ins Northern Territory gehen, um an einem lang geplanten Schüleraustausch teilzunehmen. Er wird die Endrunde verpassen.

»Oh nein. Was wird das Team ohne ihn machen?«

»Boof ist am Boden zerstört. Aber er sagte: ›Wenn wir es ins große Finale schaffen, Arch, komm ich dafür zurück. Ich verspreche, dass ich dabei bin.‹«

–

Donnerstagabend. Die Dogs treffen auf die Swans, und Bailey Smith spielt nicht mit. Ich bin sehr enttäuscht, aber als ich Amby darauf anspreche, sagt er, dass ihn das nicht sehr kümmert. Er interessiert sich für die Bulldogs als Team, nicht so sehr für einzelne Spieler.

»Und außerdem«, sagt er und drapiert seine langen nackten Beine im Beifahrerfußraum des Corolla, »wird oft erzählt, dass ein Spieler krank ist, wenn er in Wirklichkeit nur eine Auszeit bekommen hat.«

So ist das? Das macht mich noch trauriger. Ich könnte es nicht ertragen, wenn Smith, dieser strahlende, schnelle Stern, plötzlich ausbrennen würde. Es ist kalt beim Training, es ist bereits Nacht. Ein schneidender Wind kommt auf. Ich habe nur eine dünne Jacke dabei. Die Jungs arbeiten mit vollem Körpereinsatz, und ich zittere. Ich steige wieder ins Auto und sitze grübelnd da, schleiche mich nach Hause, sage mir, ich will nur einen Pullover holen, und schalte den Fernseher genau in dem Moment ein, in dem der Schiedsrichter beide Arme über den Kopf streckt, um welche Gottheit auch immer zu begrüßen, die oben im Dunkeln zwischen den Sternen wacht. Ich sehe im Stehen zu, bereit, schnell in den Park zurückzukehren, aber zuerst führe ich mit Ambys Vater ein unterhaltsames Wortgefecht über Rory Lobb, der ebenfalls nicht aufgestellt wurde. Ich bin deswegen enttäuscht, aber mein Schwiegersohn jubelt: Er hatte von Beginn der Saison an etwas gegen Lobb, während ich eine Schwäche für ihn habe, da er mich an eine Jugendliebe erinnert, ein schlaksiger Haufen Knochen mit wilden Haaren und einem ungewöhnlich süßen Lächeln.

Ich hänge zehn Minuten lang über die Rückenlehne der Couch gebeugt herum. Die Bulldogs schlagen sich ziemlich ansehnlich. Oh Mann, ich liebe Cody Weightman! Er sieht immer aus, als wäre er auf einer Party – stürzt sich mit Hingabe ins Geschehen. Er segelt horizontal in Tackles, rollt sich in einem perfekten Salto ab und springt wieder auf die Beine. Ein muskulöser kleiner Kobold, der ständig kurz davor steht, in Gelächter auszubrechen. Er strotzt nur so vor Gutmütigkeit, tanzt seine Triumphe und liebt seine Teamkollegen aufrichtig für deren Fähigkeiten. Mir fällt der alte Kommentator ein, der den lachenden, schwitzenden, glückseligen Jungen nach seinem Debüt bei den Dogs anstrahlte: »Danke! Für die Freude, die du uns bereitet hast!«

Ich eile zurück zum Park und hole den schmutzigen Amby ab. Wir rasen nach Hause, um zu sehen, wie die Swans uns mit zwei Punkten Unterschied abservieren. Oh, das Geschrei und das Gestöhne, die Flüche. Und Buddy Franklin – hätte er nicht am Ende der Saison 2022 in den Ruhestand gehen sollen, nachdem Millionen von Fans auf den Rasen geströmt waren, um sein tausendstes Tor zu feiern? Jetzt ist er müde, er wird langsamer, seine Kicks gehen schief; aber ich werde ihn immer für seinen Tänzerschritt lieben, die Art, wie er den Fußballen zuerst aufsetzt, wie einer von Miltons mächtigen Engeln, und landet, als würde er kaum ein Gramm wiegen.

–

Wo in aller Welt liegt Manor Lakes? Gegen dieses Team spielen wir am Sonntag. Beim Training sagt einer der Jungs, dass man eine Stunde braucht, um dorthin zu kommen. Meine schicke Schwester, Ambys Großtante, kommt mit uns. Amby navigiert. Wir sind in vierzig Minuten da.

Das Team wärmt sich auf. Angus spielt in Socken und billigen Badelatschen auf das Tor und wartet darauf, dass man ihm sagt, er solle seine Stiefel anziehen.

»Wie anmutig ihre Bewegungen sind«, sagt meine Schwester, »wenn sie fangen!«

Ein junges Mädchen geht mit einer Bulldogge an der Leine vorbei. Sie tut so, als würde sie uns nicht sehen, und lässt die Hündin beim Vorbeigehen unsere Beine streifen. Drei größere Mädchen schlendern mit gespielter Lässigkeit am Spielfeldrand entlang. Ihre stark geschminkte Anführerin schaut über die Schulter zu ihrem geknickten Gefolge und knurrt: »Ich musste das ganze Spielfeld ablaufen, um euch zu finden. Jetzt habe ich Steinchen in den Socken. Ganz toll!«

Joeys Vater begrüßt mich vor den Umkleideräumen. Rap, Hip-Hop, was auch immer, lässt die Wände wackeln.

»Wird die Musik abgestellt, wenn es losgeht?«

»Oh«, sagt er, »die stammt von ein paar Spielern, die sich in Stimmung bringen. Das habe ich früher auch so gemacht, als ich noch Kellner war. Man wacht auf und hat keine Lust. Ich hab dann Jimi Hendrix aufgelegt, während ich mein Hemd gebügelt habe.«

Mein Bruder taucht auf seinem Weg zurück ins Buschland auf. »Als meine Jungs vor zwanzig Jahren in Mordi-Bayside spielten, war immer ein Krankenwagen vor Ort. Selbst bei den U16-Teams.«

Silas' Vater zeigt uns eine große gelbe Tube mit einem Produkt namens Griptek. »Damit bestreicht man die Handflächen, damit man den Ball besser greifen kann, wenn er nass ist. Hier, probier mal, Helen. Versuch es mal.«

»Auf keinen Fall! Ich muss mein Notizbuch halten können.«

Er lacht und steckt das Zeug in seine Kameratasche. »Ich habe es an der Ampel ausprobiert. Und als Grün kam, konnte ich die Hand nicht mehr vom Lenkrad lösen.«

Da kommt Meth – in Straßenkleidung. »Hab mir beim Training die Schulter verletzt. Brauch ne kurze Pause.« Heute wird er die Wasserflaschen verteilen.

Archie kommt in seinen weiten Klamotten auf uns zu. Die Teams laufen hinaus. Die Schiedsrichter in Gelb marschieren wie in einer Prozession aufs Feld. Sirene. Anstoß.

»Zeig, was du kannst, Flemington!«, ruft Archie. »Verteilt euch, Jungs! Verteilt euch!« Das Spiel läuft noch nicht lange, als ich bemerke, dass die Managerin von Manor Lakes zielstrebig entlang der Seitenlinie auf den offenen Unterstand zusteuert, vor dem Archie mit dem Coaching-Team steht, eine schnurgerade Reihe von Männern am Spielfeldrand. Sie zeigt mit erhobener Hand auf deren Füße und gestikuliert streng: Anscheinend gibt es eine weitere, schwächere Linie auf dem Rasen, die die Unseren hätten beachten müssen.

Unisono gehorchen die vier Männer und treten einen halben Schritt zurück. Archie dreht sich um und sieht zu, wie die Frau zum Unterstand ihres eigenen Teams zurückmarschiert. Sein Gesicht ist scheinbar regungslos, doch voller ungläubiger Überraschung und unterdrücktem Lachen.

Einer der Fans von Manor Lakes, ein kräftig aussehender bärtiger Mann in einer orangefarbenen Trainingsjacke, kann sich nicht mehr zurückhalten. Er stößt wilde Schreie und Geheul aus, rennt auf das Spielfeld, drängt sich zwischen die Spieler, um denjenigen von ihnen in die Arme zu schließen, der gerade ein Tor geschossen hat.

Das Spiel rauscht an uns vorbei, Jungen kämpfen darum, den Ball in der Luft zu halten, überall Gliedmaßen, Oberkörper und verzerrte, nach Luft ringende Gesichter. Aus der Nähe kann ich plötzlich den Grund für das Gewühl erkennen. Das begeistert mich. Jemand tritt mit dem Stiefel gegen den Ball, und alle sind weg.

»Man kann die Kraft förmlich spüren, nicht wahr«, murmelt einer der Väter, »wenn sie einem so nahe kommen.«

Letztes Viertel. Jemand liegt am Boden. Wer ist es? Einer von denen. Er steht nicht auf. Bewegt sich nicht. Erwachsene rennen zu ihm. Eine seltsame, mitfühlende Stille legt sich über die Menge. Vögel singen, laut. Jedes Team zieht sich in seine eigene zerzauste Formation zurück.

Der Himmel wirkt sehr hoch über den knienden Männern. Der rotbraune Spielball liegt auf dem Rasen, genau auf halber Strecke zwischen den Teams, als wäre er für ein formelles Foto drapiert worden. Ein Mann kommt mit einer durchsichtigen Plastiktrage aufs Feld gerannt. Es dauert mehrere Minuten, bis man den verletzten Jungen darauf gebettet hat. Dann tragen sie ihn davon. Ringsumher hört man vereinzeltes Klatschen: der Gruß an einen gefallenen Krieger.

»Das Highlight des Jahres«, sagt ein Fan von Manor Lakes zu seinem Kumpel, als die Schlusssirene ertönt. »Wir haben mit nur vier Toren Unterschied verloren.«

–

Das arme Kind auf der Trage: Knöchel. Keine weiteren Informationen verfügbar.

–

Vor dem Training heute Abend finde ich Amby über den Küchentisch gebeugt vor, mit einer Plastiktüte Eis in der Hand und einer zweiten Tüte, die er sich zwischen Schulter und Ohr an den Hals presst. Meine Besorgnis, die ich in einem möglichst unaufdringlichen Ton, ja fast ein wenig schüchtern zum Ausdruck bringe, weist er mit einem Grunzen zurück.

Eine sternenklare kalte Nacht, die Luft so klar, dass die Lichter auf der Tunnelbaustelle in einem unnatürlich grellen Gelb leuchten. Archies Eltern kommen mit ihrem Hund vorbei. Wir lehnen nebeneinander am Geländer, beobachten und bewundern.

Sein Vater erzählt uns von einer Dichterin, auf die er im Internet gestoßen ist: »Stevie Smith! ›Not Waving but Drowning‹! Sie ist zum Totlachen! Hast du schon von ihr gehört?«

»Eigentlich«, sage ich, »ist sie ziemlich berühmt.«

»Um ehrlich zu sein, habe ich nach Steve Smith gesucht, dem Cricket-Spieler.«

Wir hängen vor Lachen über dem Geländer.

Währenddessen spielen unsere Jungs ein Trainingsmatch. Ich kann nicht verstehen, was Archie ruft, seine Eltern können es.

»Hast du das gehört?«, sagt sein Vater. »Er hat gesagt: ›Okay, was war falsch an dem letzten Schuss? Was war der Fehler, den Amby gemacht hat?‹ Jetzt müssen sie das aufarbeiten. Gleich der nächste Kick ist dann perfekt. Und er ruft: ›Das ist es! Genau so muss das sein!‹ Ich glaube, aus ihm könnte ein guter Trainer werden. Was hat Amby?«

»Hat sich einen Finger gequetscht. Gestern bekam er einen Schlag auf den Hals. Und ich glaube, die Beine tun ihm weh. Er will nicht drüber reden.«

»Mhmmm. Wahrscheinlich Schmerzen am ganzen Körper.«

Er geht mit dem Hund los, umrundet das Feld im Dunkeln, um zu sehen, wie seine Tochter ihr Team trainiert. Archies Mutter und ich bleiben an Ort und Stelle. Sie ist Schulberaterin (außerdem die Art Nachbarin, die in ihrem Imkeranzug zu Ihnen eilt, wenn Ihre Bienen schwärmen und Sie nicht wissen, was zu tun ist) – und wir können ein wenig psychologisieren.

»Eine Schande«, sagt sie, »was den Männern früher beigebracht wurde. Es ist in sie eingebrannt. Sie können nichts dafür. Sie geben es nur weiter: ›Du hast wirklich gut gespielt, bis du es kurz vor dem Abpfiff vermasselt hast.‹«

»Was denken sie wohl, was schieflaufen könnte, wenn sie jemanden mal so richtig loben? Ist es so, wie Hemingway sagte: ›Lobhudelei ist eine Form von öffentlicher Demütigung‹?«

»Wurdest du in deiner Familie öfter mal gelobt?«, fragt sie.

»Nein. Und du?«

»Ja.«

»Ich bin eine Generation älter als du.«

Das Training ist vorbei. Amby steigt ins Auto.

»Hast du dich innerlich rehabilitiert?«

»Nein.«

Wir fahren schweigend nach Hause. Alles, was ich sagen könnte, würde ihn nerven. Er ist überall wund. Innen und außen.

–

Am nächsten Tag bringt er ein Blatt Papier mit dem Schullogo nach Hause: eine Auszeichnung. Unterschrieben vom Schulleiter.

»Gib her das Ding. ›Für hervorragende Lernfortschritte‹.«

Was? Dieser Faulpelz? Der seine Hausaufgaben verschleppt, bis es gar nicht mehr geht? Der die meiste Zeit grausame, dunkle Spiele daddelt, tief über sein Handy gebeugt? Der stundenlang auf Spotify Rap hört und jeden Text mitsingen kann?

Seine physische Ausstrahlung hat sich komplett verändert; seine Schultern hängen nicht mehr, er trägt den Kopf hoch, sein Gesicht leuchtet wieder.

»So! Jetzt hast du dich rehabilitiert!«

»Nein! Na ja, ein wenig – ja. Nicht im Fußball, aber die Auszeichnung kommt schon gut.«

»Bist du für die Woche vorbereitet?«

»Bin ich!« Er drückt mich an seine ziegelsteinartigen Bauchmuskeln und lässt mich ein paarmal draufklopfen: »Du musst dich locker machen! Entspann dich!«

–

Nach dem Training heute Abend sollen die U18-Spieler ein einstündiges Freundschaftsspiel gegen die Flemington Seniors bestreiten. Amby möchte bleiben und zuschauen. Doch die U18-Mannschaft hat unglücklicherweise ein paar Spieler zu wenig. Vier Jungs aus der U16-Mannschaft werden ausgewählt, um die Mannschaft zu vervollständigen: Luis, Angus, Fitzy und Amby – und Archie als Zugabe. Oh mein Gott! Die U18-Spieler sind schon beängstigend genug, aber die Seniors sind echte, ausgewachsene Männer. Haben breite Brustkörbe und haarige Beine, einige von ihnen tragen einen Vollbart. Bevor Amby aufs Spielfeld rennt, greift er in seinen Rucksack und inhaliert schnell einen Stoß Ventolin.

Es ist wie eine unerwartete Feuertaufe, als Schaf unter Wölfen. Die Senioren sind schnell, ungeduldig und verächtlich und kennen kein Pardon. Außer mir sieht niemand zu, in dieser Kälte und Dunkelheit. Ich kann ihre schwereren Körper, die größere Dichte ihrer Muskeln, die massive Wucht ihrer erwachsenen Körper spüren. Ich mach mich ganz klein und presse meinen Rücken gegen einen Baumstamm. Aber unsere Jungs zeigen keine Angst. Sie kämpfen um jeden Ball. Sie fangen gut, sie tackeln, als gäbe es kein Morgen.

Und eine Stunde später, während die Seniors und die U18 entlang der Grenze am U-Bahn-Tunnel entlang nach Hause trotten, verlässt unsere kleine Gruppe leise das Feld in die entgegengesetzte Richtung, Schulter an Schulter mit ihrem Trainer, geht zurück zu ihren fast niedlichen Teenager-Rucksäcken und Fahrrädern. Sie haben keine Ahnung, dass ich da bin, aber ich muss mir auf die Lippen beißen, um nicht ihre Namen zu brüllen. Vor Stolz.

–

Es ist acht Uhr morgens an einem Schultag und von Amby keine Spur. Ich klopfe an seine Tür und rufe ihn. Er antwortet. Ich gehe hinein: und da liegt ein Hüne auf dem Bett eines Jungen. Der orange-weiße Bettbezug ist zurückgeschlagen, Amby hat nichts an bis auf eine kurze Baumwollpyjamahose, seine Surferbeine zeigen einen goldenen Flaum, und sein Oberkörper ist so flach, glatt und muskulös wie der eines verdammten Models. Ich stehe wie erstarrt da.

Er sieht mich ruhig an, die Hände unter dem Kopf verschränkt. Ich lache, und sein Gesicht verzieht sich zu einem schelmischen Lächeln. Das pummelige Kind, das ich auf der Hüfte getragen habe! Wo ist es hin? Wo sind die Jahre hin?

»Steh auf. Du kommst zu spät. Brauchst du was?«

»Nein.«

Ich bin entlassen.

Zum Glück habe ich gerade meine elfminütige Kirtan-Kriya-Meditation gemacht, still in meinem Zimmer bei geschlossener Tür, sonst hätte mich dieser Moment der Transformation vielleicht völlig aus der Bahn geworfen. Kann es sein, dass er mir das vor drei Nächten mitteilen wollte, als wir neben dem Oval hielten? Während er seine Sachen zusammenraffte und mit der Beifahrertür kämpfte, sagte er: »Danke, dass du mich abgesetzt hast.«

Mich abgesetzt? Hallo? Soll ich ihn in Zukunft vor dem Training absetzen und nach dem Training abholen, statt allein im Dunkeln zu sitzen, mit meinem Notizbuch und Bleistift? Wird meine Anwesenheit, Aufmerksamkeit, mein Support nicht mehr benötigt? Mein Entschluss steht fest, mein Wille ist eisern. Das hier geht über die Langstrecke, mein lieber Freund. Mich wirst du nicht los, bis die Saison vorbei ist.

–

Ich fahre uns nach Point Cook. Amby navigiert; sein Vater und der Hund dösen auf dem Rücksitz. Unterwegs schaut Amby auf sein Handy.

»Meth spielt nicht mit.«

»Ist es immer noch sein Knie?«

»Nein. Hier steht, er ist ›todkrank‹.«

»Sagt er wirklich ›todkrank‹?«

»Ja.«

Wir sind eine halbe Stunde zu früh, was sein Vater mehrmals erwähnt, denn er kennt meine Angst, zu spät zu kommen. Sprühregen und Nebel. Wir stehen an der Seitenlinie.

Zwei andere Colts-Väter kommen hinzu. Die drei Männer beginnen ein Gespräch über das Spiel, das am Abend zuvor im MCG stattgefunden hat; sie fachsimpeln so, dass ich nichts dazu beitragen kann. Wie entspannend das ist. Die Nervosität fällt von mir ab. Ich kann mich im Sessel der Unwissenheit zurücklehnen und zuhören, wie sie fröhlich Erkenntnisse und Erinnerungen an längst vergangene große Endspiele vergleichen: »Achtundachtzig. War das nicht das, bei dem Dipper mit durchbohrter Lunge weiterspielte?« »Ich glaube, es war Dipper.« »Ja, es war Dipper.« Ich bin durch ihr Fachwissen sozial befreit. Niemand wird etwas von mir erwarten.

Der leichte Regen hört auf. Ich falte meinen großen Regenschirm zusammen und hänge ihn am Griff an den Zaun.

Ambys Vater murmelt vor sich hin, während das Spiel weitergeht.

»Noch was zu Amby: Wenn er den Ball bekommt, lässt er ihn fast immer prallen. Das ist ein wirklich gutes Zeichen. Er spielt besser, wenn er aus reinem Instinkt handelt. Ich würde ihn immer in die Guts setzen.«

»In die Eingeweide?«

»Ins Mittelfeld. Als Stürmer muss man zu viel nachdenken.«

In der dritten Spielviertelstunde ist Silas' Vater draußen beim Team und reibt ihre Handflächen mit Griptek ein.

»Kommt, Jungs, macht hinne«, sagt Archie mit leiser, eindringlicher Stimme. »Uns bleiben noch zwanzig Minuten. Wir können dieses Team schlagen. Wir können sie verdammt noch mal fertig machen. Wir werden sie fertig machen.«

Amby ist mitten im Pulk. Immer wieder geht er zum Ball, die Haare fliegen, die Arme weit oben, die Finger gespreizt. Jedes Mal, wenn ihm etwas gelingt, sehen wir uns an: »Amby! Das war Amby!« – als könnten wir nicht glauben, wie stark und groß er geworden ist. Der Fußballer Amby ist zu jemandem geworden, den ich nicht kenne – so viel Tapferkeit, eine solche Konzentrationsfähigkeit.

Die Colts verlieren mit sieben Punkten. Einer nach dem anderen kommen die Jungs aus der Kabine zu ihren Eltern, schmutzig, erhitzt, mit starren Augen und Adrenalin im Blut. Amby schlendert ruhig in weißen Socken und Birkenstocks heraus, die Stiefel und seine Tasche trägt er auf dem Arm. Er, sein Vater und ich gehen zum Auto.

»Möchtest du etwas essen?«

Amby schüttelt den Kopf. Als er die Beifahrertür öffnet, sagt er so leise, dass ich es fast nicht höre: »Ich war Man of the Match.«

»Du? Man of the Match?«

Er nickt und unterdrückt ein Lächeln.

»Oh, du kleiner Rabauke. Verdammt gut gemacht. Glückwunsch.«

Er lacht und senkt den Kopf: »Danke, Hel.«

Sein Vater lobt ihn wärmstens, fachmännisch. Ich fahre rückwärts aus der Parklücke in Richtung Autobahn. Niemand spricht, aber unser Auto scheint kaum die Straße zu berühren.

»Ich brauche Wasser«, sagt Amby. »Hab vergessen, welches mitzunehmen.«

Ich fahre in eine winzige Ladenzeile, renne in einen libanesischen Lebensmittelladen und schnappe mir eine Flasche aus dem Kühlschrank. Das Mädchen hinter der Theke lächelt mich an. Wie gut sie in ihrem dunklen Hidschab aussieht, wie edel ihre reine Haut und ihre anmutige Art! Ich kann mir kaum verkneifen zu sagen: »Mein Enkel hat Durst! Er war heute Man of the Match!!«

»Ihr Ruckman hat mich Schlampe genannt!«, erzählt Amby, während er mit blubbernden Schlucken Wasser trinkt. »Hat mich Pussy genannt. Hat gesagt: ›Du Pussy hältst nichts aus.‹ Schließlich habe ich ihn getackelt, ihn herumgewirbelt und in den Boden gerammt. Danach hatte ich ein bisschen Angst, weil er ein großer, bulliger Proll war.«

Zu Hause geht sein Vater in den Garten und wirft abgeschnittene Äste in den Häcksler. Amby und ich setzen uns auf die Couch, um uns auszuruhen. Sein Bruder kommt durch das Zimmer und sucht nach seiner Gitarre.

»Hey. Ich war Man of the Match!«

»Super.«

»Und«, füge ich hinzu, »er wurde von ihrem Ruckman Pussy und Bitch genannt.«

Sein Bruder bleibt an der Tür stehen. »Hast du ihn geschlagen?«

»Nein. Aber ich habe ihn im Spiel fertiggemacht.«

»Gut gemacht.«

Amby legt ein langes, haariges Bein auf meinen Schoß.

»Der Typ, der dich Bitch genannt hat«, sage ich. »Wie sah er aus? War er größer als du?«

»Ja. Er war extrem muskulös. Er verbringt viel Zeit im Fitnessstudio.«

»Was für eine Frisur?«

»Eine lockige Vokuhila-Frisur. Der wollte sich prügeln.«

»Hast du irgendwelche Verletzungen, um die ich mich kümmern sollte? Deine Mutter ist ja in Canberra.«

»Nein. Alles in Ordnung. Außer, dass ich ein paar Schrammen und Kratzer habe, das ist alles, und dieser alte Schnitt an meinem Knie ist wieder aufgeplatzt. Es blutet. Oh, und ich habe diese hier an meinem ... ach, die kann ich dir nicht zeigen.«

»Was?«

»Ich kann sie dir nicht zeigen!«

»Darf ich dich daran erinnern, dass ich jeden Zentimeter deines berühmten Körpers mindestens hundertmal gesehen und persönlich sauber geschrubbt habe? Komm schon. Zeig sie mir.«

»Ich kann nicht! Sie ist zu weit oben!«

»Okay, leg dieses Kissen über die unanständigen Stellen und zeig mir das Bein.«

Er drapiert gewissenhaft ein Kissen und einen Teil seiner Shorts über seine Weichteile und zeigt mir eine dunkelrote Schürfwunde, die aus drei parallelen, etwa fünf Zentimeter langen Striemen besteht, ganz oben an der Innenseite des Oberschenkels.

»Das ist von seinen Stollen.«

»Hat er dich getreten?«

»Ja.«

»Dieses Arschloch.«

Wir schauen uns eine halbe Stunde lang Trailer Park Boys an, dann gehe ich zu mir rüber und mach ein Nickerchen. Erschöpft von so viel Spektakel, Hingabe, Stolz und Empörung.

–

Montagstraining, und um 17:45 Uhr sagt er auf dem Weg zur Tür: »Das Licht ist komisch. Normalerweise ist es dunkler, wenn wir losfahren.«

»Was steht heute Abend auf dem Programm?«

»Er wird uns laufen lassen. Ich bin gestern im Spiel

so viel gerannt, dass ich voll Muskelkater habe. Er lässt uns immer laufen, wenn wir verloren haben oder wenn wir schlecht gespielt haben.«

»Zur Strafe?«

»Nein.«

Auf dem Sportplatz ist es fast dunkel, und die Luft ist mild. Ich will nicht, dass schon Frühling ist – es ist zu früh für Frühling. Ist das die globale Erwärmung? Ich sitze auf der Rückenlehne meiner Bank und erwarte nichts, was ich nicht schon kenne.

Warum gefällt mir das Training so gut? Hilflos auf etwas fokussiert, das ich kaum sehen kann, das ich in der Dämmerung kaum ausmachen kann, weit unten am anderen Ende des Ovals? Ich schaue gerne anderen Menschen bei der Arbeit zu. In dieser Zeit trage nicht ich die Verantwortung: Sie hat nichts mit mir zu tun. Und doch scheinen die Spieler auf dem Feld etwas in mir auszulösen. Etwas, das ich sehen muss, um es zu verstehen. Manchmal ist das, was sie tun, fast abstrakt. Wie ein Musiker, der Tonleitern spielt und daran arbeitet, es richtig zu machen, es zu perfektionieren: Vielleicht ist es das, was Remy umtreibt, wenn er »Noch mal! Noch mal! Noch mal!« ruft.

Archies Mutter kommt. Sie hält inne, um das zu tun, was alle Fußballeltern gerne tun: sich gegenseitig für ihre Sprösslinge loben.

»Amby war gestern unglaublich«, sagt sie. »Er ist so hoch gesprungen! Er hat immer diese fröhliche Art zu springen. Ohne jede Angst, Dinge auszuprobieren. Ich habe ihn einmal in den Sandhügeln spielen sehen. Er rannte und sprang – und dann machte er einfach einen Rückwärtssalto. Er landete auf den Füßen! Ich fragte ihn: ›Wo hast du das gelernt?‹ Er sagte: ›Ich weiß nicht. Ich dachte nur, ich kann es wahrscheinlich, und es hat ja funktioniert.‹«

Währenddessen rennt dieser Musterknabe mit ausgestrecktem Arm über den Rasen und brüllt mit heiserer, verrückter Stimme: »Meth! Jake! Fitzy! Harvey! Silas!«

Archies Mutter schlendert weiter. Ein leises, hartes, mechanisches Surren ertönt aus der Dunkelheit hinter mir. Ich schrecke zusammen. Ein Kind mit hochgezogener schwarzer Kapuze rast auf einem BMX-Rad an mir vorbei, strampelt wie verrückt und hebt sich so weit auf dem Hinterrad, dass ich mir wünsche, der Nervsack würde es zu weit treiben und direkt vor mir hinknallen. Aber er tritt auf die Bremse, macht einen Wheelie hinter den Torpfosten und bleibt dort hustend stehen, beide Füße auf dem Boden, gerade nah genug an den Jungs, um Angus abzulenken, der sich vom Geschehen entfernt und zwischen den Toren umherwandert.

Archie ruft Angus zu, er solle aufs Feld kommen und mitarbeiten. Angus gönnt ihm einen müden Schulterblick. Ich betrachte den Jungen mit dem Fahrrad. Seine Kapuze ist hochgezogen, aber sein Gesicht ist im Dreiviertelprofil erkennbar. Unsere Blicke treffen sich. Ich sehe ihn vorwurfsvoll an. Er lächelt. Er ist noch ein Kind. Mit einem Husten wie das Bellen eines Hundes.

Trainingsende. Das Team kommt angeschlichen. Angus stolpert, den Blick auf den Boden gerichtet.

Archie ruft: »Wenn du noch einmal so was Bescheuertes machst, Angus, musst du eine Runde laufen.« Unkoordinierte Bewegungen, Geschubse und Gestolper. Archies Stimme schallt durch die Luft:

»Okay. Niemand geht nach Hause, bevor Angus nicht eine Runde in achtzig Sekunden gelaufen ist.«

Stöhnen und Fluchen. Er rennt los, gegen den Uhrzeigersinn, ganz in Weiß, in weiten Shorts und T-Shirt. Bald ist er nur noch eine dünne, blasse Gestalt mit langen Gliedmaßen, die geschmeidig die Seitenlinie entlanggleitet, schnell und gleichmäßig in der Dunkelheit; und als er die Kurve hinter den östlichen Torpfosten erreicht, wenden sich die Jungs, die eben noch genervt ihre Stiefel ausgezogen haben und ihre Wasserflaschen leer trinken, ihm wie ein Mann zu und brüllen: »Los, Angus! Los, Angus, los!« Alle Teamkameraden rufen seinen Namen – ist es das, was er braucht? Da kommt er, die letzte Kurve vor sich, mit ausdruckslosem Gesicht, ohne Anzeichen von Eile oder Anstrengung, in langen, unermüdlichen Schritten – und ja! Er hat es geschafft! Ein paar spärliche Jubelrufe. Jetzt dürfen alle nach Hause gehen.

Die Jungen eilen zu den Autos ihrer Väter, die am Zaun warten. Motoren laufen und Scheinwerfer gehen an. Angus ignoriert das alles, bückt sich, um einen Ball aufzuheben, und schießt ihn lässig durch eins der Tore in die Dunkelheit.

Amby, dieses große, müde Wesen, zwängt sich auf den Beifahrersitz neben mir.

»Gott sei Dank gibt es Adrenalin«, sagt er. »Ohne Adrenalin hätte ich die ganze Zeit über echt starke Schmerzen.«

»Was für bescheuerte Dinge hat Angus gemacht?«

»Er hatte Muffins.«

»Was? Er hat sie gegessen? Auf dem Feld?«

»Ja.«

Ich fange an zu kichern und kann nicht mehr aufhören. Amby schaut gelangweilt und teilnahmslos aus dem Fenster, zu kaputt, um sich damit auseinanderzusetzen.

»Willst du etwas essen? Soll ich beim Supermarkt anhalten?«

»Okay. Wir könnten Muffins holen.«

Er bleibt lange unter der Dusche. Als wir zu Tisch gerufen werden, nimmt er seinen Platz ein und futtert sich mit Appetit durch das Essen, das sein Vater gekocht hat. Er ist wie aus einer anderen Welt: sitzt still da, während wir anderen reden und Witze reißen, trinkt viel Wasser, räumt die Teller ab, bedankt sich bei seinem Vater für das Essen und geht ins Bett.

–

Am Samstagnachmittag spielen die Western Bulldogs in Ballarat gegen Greater Western Sydney. Wir liegen zur Halbzeit vorne, aber wir büßen zwei Verteidiger durch Verletzungen ein (Knie; Gehirnerschütterung). GWS kommt in Fahrt und schlägt uns. Toby Greene schießt ein Tor nach dem anderen. Es ist frustrierend. Irgendetwas an der Form seines Kopfes, einer schiefen Olive ähnlich, und sein eitler kleiner Gang untergraben meine Bewunderung für sein brillantes Spiel. Auch weiß ich nicht, ob ich verzeihen oder vergessen kann, wie brutal er früher war.

Ambys Schicht bei Cheaper Buy Miles beginnt, also schauen sein Vater und ich uns das Spiel allein an, schweigend, bei Dämmerung. Nach dem Abpfiff stapfe ich in den Hinterhof und reiße eine Menge hässliches Unkraut aus den Ritzen im Pflaster. Amby wird heute Abend bei seinem Freund Macca in Footscray übernachten.

»Warum nimmst du nicht deine Footysachen mit und fährst morgens direkt mit dem Zug zu deinem Spiel?«, schlage ich vor.

»Nein. Erst komme ich nach Hause. Ich stehe um acht auf. Weil vor dem Spiel das Mannschaftsfoto gemacht wird. Ich muss gut aussehen.«

Ich lache laut. »Was – willst du dir Löckchen drehen?«

»Nein.«

–

Der Fotograf hat die Stühle für die U14 in Reihen aufgestellt, aber als die U16 an der Reihe ist, steht die Sonne höher am Himmel und der Lichteinfall ist ungünstig.

»Entweder werden die Jungs blinzeln«, sagt er, »oder ihre Gesichter werden durch eine Linie geteilt, eine Hälfte dunkel, die andere hell.«

Er verlegt die Aufnahmen an eine gelbe Wand um die Ecke, die im Schatten liegt – die vertikal geriffelte Seite eines Schiffscontainers, Teil der Außenwand eines Abenteuerspielplatzes, in unserem Vorort bekannt als »der Venny«.

»Die Kinder kamen vom Venny nach Hause«, sagt Boofs Mutter, »und man denkt, okay, alles, was sie anhaben, muss direkt in die Waschmaschine, so schmutzig waren sie. Und wisst ihr noch, die kleinen Tiere, die sie damals hatten? Wie hießen die noch mal?« Wir zerbrechen uns den Kopf und rufen dann im Chor: »Meerschweinchen!« Sie macht eine Gebärde, als würde sie ein pelziges Tier an ihr Gesicht halten und gurren.

Meth ist nicht aufgetaucht. Sie schreibt ihm eine SMS. Die Jungs warten, auf drei Ebenen, alle frisch, sauber und glänzend, die kleineren Jungs stehen hinten auf Stühlen, die Arme unsichtbar; die mittlere Reihe mit verschränkten Armen, die Fäuste unter den Bizeps gestemmt; die Großen sitzen mit nackten Oberschenkeln und gespreizten Beinen in der ersten Reihe. Remy hält einen Ball, die anderen lassen ihre lockeren Fäuste auf den Beinen liegen, die Fingerknöchel sorgfältig nach vorne gestreckt, wie es sich bei Sportlern gehört. Remy sieht so ernst und gelassen aus wie ein Bräutigam. Jemand ruft »Socken!«. Alle schauen nach unten. Oh nein. Einige tragen ihre Socken um die Knöchel geknüllt, andere straff hochgezogen, um das gelbe Emblem zu zeigen. Es wird ein bisschen gemurrt und geraunt: Man einigt sich schließlich, dass sie hochgezogen werden sollten. Alle passen sich an. Neben mir hat jemand einen orangefarbenen Mundschutz tief in das feuchte Gras getreten.

Während wir auf Meth warten, tuscheln die Mütter miteinander. Eine sagt, dass ihr Sohn Blut gehustet hat und zwei Spiele verpassen wird. »Er wollte Archie nicht sagen, dass er nicht spielen kann«, sagt sie. »Er dachte, die anderen würden ihn für einen Softie halten.« Wir zucken zusammen und atmen hörbar ein.

Endlich kommt Meth angerannt, aus dem Park. Er hat seinen Teamjumper nicht dabei. »Ich hab noch einen in meiner Tasche«, sagt Boofs bewundernswerte Mutter. Sie beschreibt Meth den genauen Ort, an dem sich der Ersatzpulli befindet, und schon saust er los.

»Besser, Meth rennt los als ich«, sagt sie, »obwohl – wenn ein fünfzehnjähriger Junge etwas sucht …«

»Oder ein Mann«, ergänze ich, und wieder müssen wir beide lachen. Ambys Vater hatte erst gestern Abend seine Brieftasche verloren. Er hat das Haus auf den Kopf gestellt, rief im Spirituosenladen an, wo er sie zuletzt in der Hand hatte, rief sogar auf der Polizeiwache an … »Nein«, sagte er, es hätte keinen Sinn, dass ich suche, er hat ja schon überall gesucht. Ich sagte: »Okay, aber wie wäre es, wenn ich mich trotzdem kurz umsehe? Manchmal hilft ein frischer Blick …« Und tatsächlich, im Schlafzimmer liegt sie, einen halben Zoll tief in dem schattigen, staubigen Bereich unter der Bettkante.

»Mein Mann«, sagt Boofs Mutter, »konnte mal unsere TV-Fernbedienung nicht finden. Nirgendwo. Sie war verschwunden. Er war verzweifelt. Und er sagte: ›Wer die Fernbedienung findet, bekommt hundert Dollar.‹ Eines der Mädchen kam ins Zimmer und sah sie sofort.«

Meth kommt mit dem Jumper zurückgerannt, zieht ihn an, mischt sich unter die anderen. Ich scanne die Reihen: Fehlt noch jemand? Ja, Boof. Er ist schon auf dem Weg nach Darwin. Wo er stehen sollte, ist eine Lücke, die sich auch auf die Stimmung überträgt.

Die Jungs richten sich auf, heben das Kinn. Ned, der offiziell für die Colts U14 spielt, aber mit den U16 trainiert, steht am Ende der hinteren Reihe auf einem Stuhl. Sein Gesicht ist blass, er zappelt, legt beide Hände an die Schläfen, lässt den Kopf nach hinten fallen, die Augenbrauen zu einem umgekehrten V geformt.

»Geht es Ned gut?«, frage ich seine Mutter, die neben mir steht. »Er sieht blass aus – ist er krank?«

»Nein, nein«, sagt sie mit dem stoischen Ton einer Teenager-Mutter. »Er wird immer ein bisschen panisch, wenn er glaubt, dass er zu spät kommt. Sein eigentliches Team spielt in Altona. Er hat reichlich Zeit, dort hinzukommen.«

Ned beruhigt sich und macht Dehnübungen. In der Mitte der zweiten Reihe, sozusagen im Herzen der Gruppe, steht Angus. Sein Ohrring glänzt, seine Haut ist blass wie Wachs, sein Haar ist kurz über den Ohren geschnitten, mit einem Pony wie Russell Crowe in *Gladiator.* Er blickt mit frechem Selbstbewusstsein in die Kamera.

Der Fotograf macht sich für die Aufnahme bereit.

Ihre Gesichter öffnen sich. Sie stehen zitternd an der Schwelle zum Mannsein: Haben keine Ahnung, wie schön sie sind. Und bevor der Fotograf Luft holen kann, ruft Angus »CHEESE!«, und das ganze Tableau fällt vor Lachen auseinander. Eilige Neuformierung, »Cupcakes!«, und die Aufgabe ist erledigt. Ned springt von der Bank und rennt in westlicher Richtung los. Sie rufen ihm hinterher: »Viel Glück! Los, Neddie! Vergiss nicht, dich aufzuwärmen!«

–

Ein ungestümer Vorfrühling – und das Ende Juli. Starker Nordwind. Ich muss meinen Hut mit beiden Händen festhalten, vom Anstoß bis zur Schlusssirene. Beschütze sie, Herr, vor Verletzungen. Wir haben PEGS mit dreiundvierzig Punkten geschlagen.

–

Pizzaabend für das Team nach dem Montagstraining, das ich verpasst habe. Ich musste mich von einem Verwandten verabschieden, der auf Reisen geht. Amby stapft den Hügel hinauf, kommt vom Spielfeld direkt zur Party. Er strahlt und hat zwei Kartons mit übrig gebliebener Pizza dabei. Er sieht sehr erschöpft aus. Nachdem wir alle »Wish Me Luck as You Wave Me Goodbye« gesungen haben und es gerade gemütlich wird, will er nach Hause.

Im Auto untersucht er eine Reihe roter Flecken an seinem Oberschenkel.

»Sind die von demselben Typen, der dich getreten hat?«

»Nein. Die sind neu, von gestern.«

»Ein Freund von mir«, sage ich, »hat mir von einem Besuch bei einer Familie erzählt, deren Sohn für die Saints spielt. Der lief in Shorts und ohne Hemd durch den Raum. Sein ganzer Körper war voller blauer Flecken. Das sind wie Narben aus einer Schlacht, nicht wahr?«

»Ja.«

»Und du bist stolz auf sie?«

»Ja.«

»Warum?«

»Weil sie beweisen, dass ich ... da draußen war. Dass Menschen mich fertigmachen wollten. Und dass ich es überlebt habe.«

»Wurdest du wieder zum Besten gewählt?«

»Nein. Jake war der Beste, dann Luis, dann ich. Und Helen – stell dir vor: Das Team braucht einen dritten

Kapitän für die Endrunde.« Er senkt die Stimme. »Und das werde ich sein.«

Er ist überglücklich und sieht aus, als könne er es noch nicht ganz glauben. »Als sie es bekannt gaben«, sagt er, ganz rot und grinsend, »musste ich aufstehen und ein paar Worte sagen.«

Allerdings befürchtet er, dass es eine Rolle gespielt haben könnte, dass Archies Familie und unsere sich kennen.

»Glaube ich nicht«, sagt sein Vater, der zu uns stößt. »Das hätte Archie eher davon abgehalten, dich zu nominieren. Archie ist ein Mann von Prinzipien.«

Also Remy, Jake und Ambrose. Remy ist ein geborener Anführer, ein Denker. Und laut. Jake gilt als der von Natur aus begabteste Spieler des Teams, und als extrem wettbewerbshungrig – kompetitiv, wie man das nennt. Vielleicht provoziert er die Kämpfe, in die Angus sich so gern verwickeln lässt? Der Vize-Kapitän ist Boof, aber der ist in Darwin.

Ich frage Amby, was ein dritter Kapitän eigentlich macht.

»Ich bin mir nicht ganz sicher. Vielleicht aufmunternde Worte sagen?«

Kann sein, das Team braucht noch einen Schreihals. Ist Amby in dieser Saison zu einem geworden? Er ist größer und schwerer und lauter, sein Spiel viel aggressiver, er zeigt keinerlei Angst. Wenn ich ihm und seinem Vater zuhöre, wie sie Spiele im Fernsehen kommentieren, merke ich, dass er auch von Taktik etwas versteht.

AUGUST

Oh, diese süße Luft! – nach einem erschreckend frühen Frühlingstag mit 19 °C. Ich möchte meine Lungen damit füllen. Zartrosa Wolken in wandernden Streifen, bis die Nacht hereinbricht. Bald wird der Mond aufgehen. Zehn Minuten später kommt eine kühle Brise, und ich bin froh über meine Jacke. Ich warte auf den Mond.

»Auf die Zehenspitzen, Jungs!«, ruft Archie. »Ihr müsst laut sein! Vorausschauen! Gute Abgabe!«

Ich liebe es, wenn ein Spieler sich den Ball schnappt und in diesen anmutigen Lauf übergeht, von der Seitenlinie nach innen schwenkt, mit regelmäßigem, kontrolliertem Prellen.

Zwei Nichtfußballer in ihren Dreißigern rennen auf dem dicken Gras an meinem Geländer vorbei. Etwas an ihrem Gang ist seltsam: Sie heben die Knie hoch, wie tänzelnde Ponys. Oh, ich verstehe – sie sind barfuß. Ihre Füße berühren den Boden so leicht und zart, dass sie das Gras kaum zu zerdrücken scheinen.

Jemand ruft: »Angus!« Drei jüngere Jungen auf Fahrrädern versammeln sich im Dunkeln auf dem Weg, etwas weiter weg vom Oval. Angus schlendert zu ihnen hinüber, um mit ihnen zu reden. Sie ziehen das übliche Begrüßungsritual durch. Ich erwarte einen Pfiff von Archie, aber er ist anderweitig beschäftigt, und vielleicht hat er es aufgegeben, Angus zur Konzentration zu zwingen.

Angus trottet zurück zur Mannschaft, und alle bilden einen Kreis und schreien etwas, das wie »FUCK FUCK FUCK!« klingt. Gibt es ein Handgemenge? Ist das ein Protest? Nein, sie lachen, laufen herum und sind bereit für ein Freundschaftsspiel gegen die U18-Mannschaft, die drüben auf der Südseite ihre orangefarbenen Westen anziehen, wodurch sie besser organisiert, teamfähiger und schlagkräftiger aussehen.

Weiße Möwen kreisen träge, das Spiel beginnt.

Andächtig sehe ich zu, andächtig spende ich meine verwirrte und laienhafte Aufmerksamkeit. Wo ist der Mond? Warum hocke ich hier im Dunkeln auf der Rückenlehne einer Bank in der Nähe eines Skateparks? Ist es zu hochtrabend, an das Gedicht zu denken, in dem von den »strengen und einsamen Pflichten der Liebe« die Rede ist?

Ich brauche den Mond. Wo bleibt er nur? Gerade als das Spiel endet und die Jungs vom Gras zu ihren Rucksäcken stapfen, drehe ich mich zu meinem Auto um – und da sehe ich ihn, in der unteren rechten Ecke meines Sichtfeldes: einen riesigen, dicken, ausgefransten, rosa-orangefarbenen Ballon, der sich hinter dem Sichtschutz aus noch kahlen Ulmenästen erhebt – weit entfernt von dem Stück Himmel, in dem ich ihn erwartet und darauf gehofft hatte, dass er in die Höhe steigt, auf uns herabscheint und uns segnet.

»Jungs«, ruft Archie, als sie ihre Taschen einsammeln. »Geht Samstagabend nicht aus. Bleibt zu Hause. Nur diese eine Nacht.«

–

Im Auto: »Hast du mich gesehen?«

»Ja! Du warst super drauf!«

»Hast du meine Treffer gesehen?«

»Ja!«

»Hast du meine Zweikämpfe gesehen?«

»Ja!«

»Ich muss nur«, sagt er, offenbar zufrieden, »mehr an meinem Torschuss arbeiten. Ich habe in dieser Saison zu viele Punkte vergeben. Am Ende des Spiels heute Abend sagte der Trainer der U18 zu uns: ›Viel Glück für euch am Sonntag – und viel Glück für denjenigen, der gegen Ambrose spielen muss!‹«

»Das hat er gesagt?«

»Ja. Und alle haben gerufen: ›Woo-Hoo, Ambrose!‹ Und mir durch die Haare gewuschelt.«

–

Ein Freitagabend. Die Bulldogs spielen gegen Richmond, aber die Band von Ambys Vater tritt auf, im Kindred in Footscray, sodass wir uns das Spiel nicht ansehen werden. Auf der Fahrt dorthin beschließen Amby, seine Mutter und ich, uns nicht über den Spielstand zu informieren, bis wir nach Hause kommen und es uns ganz und in Ruhe ansehen können. Aber meine Schwester textet mir: »Wunderbare Dogs!« In einer dunklen Ecke der Bar checken Amby und ich heimlich die Zwischenstände auf seinem Handy. Es sieht gut aus. Wir bestellen einen Negroni für mich und ein Soda Lime and Bitters für ihn.

»Wahrscheinlich wird auf diesem Gig niemand sein, den ich kenne«, sage ich.

»Das gilt für uns beide, Hel.«

Er zeigt mir, wie ich die Notes-App auf meinem Handy benutzen kann.

»Viele Leute«, sage ich, »haben die Western Bulldogs als ihr zweites Team.«

»Sie sind ja auch attraktiv.«

»Ja, und anständig. Nicht aus Schlägern oder ehemaligen Schlägern zusammengesetzt.« Die Band beginnt zu spielen, und ich eile nach unten, um mit Ambys Mutter und einer Gruppe von Nachbarn aus unserer Straße zu tanzen, die überraschend aufgetaucht sind. Amby reiht sich bei den Männern ein, die wie eine Wand hinter der Tanzfläche stehen.

Nach etwa einer Stunde, zurück an unserer Ecke, sage ich: »Als Fußballer im Training würdest du wahrscheinlich gerne früh nach Hause gehen wollen?«

»Ja, das würde ich.«

»Okay. Dann trinke ich nichts mehr.«

Er zeigt auf den Rest meines Negroni: »Soll ich den für dich entsorgen?«

»Nein. Der ist stark.«

»Ich bin auch stark.«

Ich nehme das Getränk und kippe es runter, zur Sicherheit. Unsere Nachbarin, eine Zumba-begeisterte, Cricket-fanatische Psychiatriekrankenschwester, stellt mich ihrer Kollegin vor, einer coolen jungen Sozialarbeiterin mit Strickmütze. Das Mützenmädel und ich verstehen uns auf Anhieb und tauschen uns über psychologisch und spirituell bedeutsame Ereignisse aus, die wir beim Fußball erlebt haben.

»Sport«, erklärt sie und hebt ihr Glas, »ist heilig.«

»Nie wurde ein wahreres Wort gesprochen.«

Währenddessen hat Ambys Vater, der einen weißen Stetson und ein Neuner-Eisen über der Schulter trägt, mit seiner Band eine ruhige Menschenmenge in eine dicht gedrängte Masse aus tanzenden, lachenden und singenden Verrückten verwandelt. Amby und ich, die wir an das Heilige denken, verabschieden uns schweren Herzens.

Ich fahre mit dem Corolla die steile Seitenstraße hinauf nach Hause. Oben auf dem Hügel biege ich rechts ab und stoße auf eine verwirrend komplizierte Reihe von Fahrspuren und Pfeilen. Ganz unten, in der Nähe des Flusses, kommt uns ein Auto mit grellen Scheinwerfern den Hang hinauf entgegen.

»Hel«, sagt Amby ruhig. »Fahr auf die andere Spur. Links. Hel. Du bist auf der falschen Straßenseite. Fahr auf die linke.«

Das Muster der weißen Linien dringt in mein Bewusstsein.

»Mein Gott!« Mit einem geschickten, wenn auch etwas hektischen Manöver korrigiere ich unsere Spur, und wir fahren weiter in östlicher Richtung. Das entgegenkommende Auto nähert sich langsam, fährt an uns vorbei. Wir schweigen, als wir den Fluss überqueren.

»Vielleicht sollte ich nachts nicht mehr fahren.«

»Ich kann mit dem Rad zum Training fahren.«

»Neeeeeeeeein«, rufe ich gekränkt. »Die Abende werden jetzt jeden Tag heller.«

Als wir nach Hause kommen, haben Amby und sein Bruder die Frechheit, meine Art, eine Mandarine zu schälen, »merkwürdig« zu nennen und zu korrigieren. Anscheinend steckt man heutzutage den Daumen in den unteren Teil der Frucht und nicht in den oberen Teil, wo der Stiel war, wie ich es seit fünfundsiebzig Jahren mache. Danke, Jungs. Wer hätte das gedacht?

–

Am Morgen unseres Spiels gegen Point Cook wache ich auf und merke, dass ich fast krank vor Nervosität bin. Amby wird wieder gegen denselben Typen spielen wie beim letzten Mal, der ihn Bitch und Pussy genannt und getreten hat. Amby beißt die Zähne zusammen und schaut finster drein: Dieses Mal, sagt er, wird er kämpfen. Was ist, wenn er sich ernsthaft verletzt?

Für die Fahrt auf dem Princes Highway bestehe ich darauf (»weil ich die Kleinste bin«), ganz hinten im Van zu sitzen, praktisch im Kofferraum, wo es einen winzigen Klappsitz gibt. Nicht einmal der Hund will ihn. Er springt über die Rückenlehne und zwängt sich zwischen Ambys Bruder und Schwester. Ich komm mir blöd vor wegen meiner falschen Bescheidenheit, aber jetzt ist es zu spät, und eigentlich ist mein Platz ganz gemütlich. Man hat seine Ruhe. Ich denke, ich werde auch beim nächsten Mal dort sitzen.

Unterwegs spielt Ambys Vater verschiedene Versionen des Vanda-and-Young-Songs »Evie«. Die Version mit dem Gitarrensolo, so altmodisch wie gefühlvoll, lässt mich glauben, dass er die Musik einsetzt, um Amby emotional zu unterstützen, ohne viel reden zu müssen. Mutmachende Musik.

Am Stadion wogt eine große Menschenmenge. Auf dem Parkplatz ist nichts mehr frei. Es herrscht fliegender Wechsel: Wenn eine Mannschaft am Ende ihres Spiels vom Platz geht, muss sie vor den Umkleiden warten, bis die nächste Mannschaft ihr Aufwärm-Lied gesungen hat und aufs Spielfeld rennt. Unsere Familien stehen geduldig herum und warten darauf, dass die Jungs herausstürmen.

»Seid ihr nervös? Ich bin es!«, sagt Silas' Vater. Der Junge, dessen Mutter mir beim Fotoshooting erzählt hat, dass er Blut gehustet hat, kommt in Straßenkleidung heraus, eine Hand vor dem Gesicht. Die anderen strömen hinterher: mit massiven Schritten, auch bei denen, die nicht so massig sind; es ist die Gangart von Männern mit breiten Schultern.

»Geht Amby ins Fitnessstudio?«, fragt Meths Mutter mit ihrer flüsternden Stimme. »Schau dir seine Arme an!«

»Nein! Ich sage ihm ständig, dass er es tun soll, aber er will nicht!«

Wir kichern fast vor Nervosität. Alle um uns herum reden melodramatisch über Collingwoods jungen Star Nick Daicos und sein gebrochenes Bein.

Ich murmele leise: »Oh, das ist mir egal.«

Silas' Großmutter ist schockiert: »Das sollte uns nicht egal sein. Er ist jung. Sie geben ihr Bestes.«

Beschämt schaue ich auf das Spielfeld.

Die Colts ziehen im ersten Viertel davon. Wenn wir jedes Mal gekickt hätten, wären wir bereits vier Tore vorn – aber wir sind nicht zu stoppen, wir fliegen – wir sind überall.

Ambys gefürchteter Gegner im Ruck spielt fair: Er ist gut, ein großer, starker Junge, mit einem wenig originellen Haarschnitt. Jedes Mal steigen sie hoch, um mit einem Arm den Ball zu berühren, nichts Schmutziges geht vor sich – ich kann aufhören, mir Sorgen zu machen und zu hassen. Zwei langhaarige

Teenager-Mädchen kauern auf einer niedrigen Bank und stopfen sich mit Essen voll, während sie gespannt den Spielverlauf verfolgen. Beim Pfiff erstarren sie. Der Schiedsrichter gibt einen Freistoß gegen Flemington. »Was?«, ruft eines der Mädchen, der Hamburger verharrt vor ihrem offenen Mund. »Soll das ein verdammter Scherz sein?« Wir gewinnen, 58:26.

–

Am nächsten Tag kommt mir immer wieder ein seltsamer Gedanke: Ich weiß nicht, ob ich würdig bin. Wessen würdig? Der enormen Lebenskraft dieser Jungs. Ich bediene mich daran. Ich lebe sogar davon.

Ich komme zehn Minuten später als sonst von der Arbeit nach Hause, aber immer noch rechtzeitig, um Amby pünktlich zum Training zu bringen. Aber er ist mit dem Rad gefahren. Er ist jetzt Kapitän. Er fährt lieber im Dunkeln und bei Kälte mit dem Rad, als herumzustehen, auf mich zu warten und zu riskieren, zu spät zu kommen. Nie zuvor hat er ein solches Maß an Pflichtbewusstsein gezeigt.

Ich fahre hin und nehme meinen Platz ein. Ein kurzes Klatschen aus dem engen Kreis der Jungen in der Mitte des Feldes, bevor sie mit der Arbeit beginnen. Trainingsspiel im Dunkeln. Die Stimmen, die nach dem Ball rufen, nach ihm heulen. Remys gewaltiges, tiefes Gebrüll. Mir ist kalt. Ich zittere auf der Rücklehne meiner Bank. Ich schaue sogar auf meine Uhr, aber ich will nicht, dass es endet. Ich möchte, dass es ewig dauert, dass ich immer dabei sein kann.

Auf der Heimfahrt frage ich Amby, worum es bei dem Klatschen ging.

»Drei Jungs«, sagt er, ohne mich anzusehen, »wurden eingeladen, für die Calder Cannons zu spielen. Das ist ein Team, das Spieler für die AFL ausbildet.«

»Wer waren die drei?«

»Remy, Jake und Josh.«

»Nicht du?«

»Nicht ich.«

»Bist du enttäuscht, Amb?«

»Ja.«

Er beklagt sich nicht, aber er schweigt den ganzen Weg nach Hause.

–

Mittwochabend. Ich betrete die Küche nebenan. Ambys Vater kocht. Er selbst steht rum, riesengroß, immer an irgendwas angelehnt. Sonst ist niemand anwesend. Es herrscht eine ungewöhnliche, fast atemlose Stille im Raum, als hätte ich etwas Intimes gestört. Amby bohrt mir einen Finger in die Schulter, ein Zeichen für gute Laune, obwohl er nichts sagt. Ich schaue zu ihm auf. Er lächelt mich schräg an und zieht die Augenbrauen hoch.

»Was ist los?«

»Hat Helen gehört, dass du ...«

»Nein.«

»Zeig es ihr.«

Amby gibt mir das Handy seines Vaters. Auf dem Bildschirm erscheint der folgende Dialog:

Wie groß ist Ambrose?
181 cm, wir haben ihn gerade gemessen.
Okay, 5'11", ich schaue, was ich tun kann.

Danke, Rob. Er ist im Rennen.

»Wer ist Rob?«

»Noch so ein Talentscout.«

Sekunden später pingt eine SMS von Archie auf Ambys Handy:

»Hättest du Interesse an Calder«

Amby steht vor dem Kühlschrank, steif vor Selbstbeherrschung. Er schreibt zurück:

»Ja, klar.«

Vom Esstisch aus frage ich: »Darf ich das alles in mein Notizbuch schreiben?«

»Ja.«

»Lies es mir vor.«

Als er zu dem Text von Archie kommt, sage ich: »Ist da kein Fragezeichen?«

»Nein. In Messages macht man keine Fragezeichen.«

»Ach, sei nicht albern.«

»Macht man nicht!«

»Warum? Ist das uncool oder so?«

»Sie sind einfach nicht notwendig.«

Eddie Betts hat es dank der Calder Cannons geschafft. Mitch Wallis auch. Tom Liberatore. Rhylee West. Ich habe schreckliche Angst vor Verletzungen. Ich weiß nicht, wie Eltern das aushalten. Und Ambys Vater beschreibt mit den widerlichsten Details (zweimal, weil er denkt, dass wir es beim ersten Mal nicht verstanden haben) Mitch Hannans Achillessehnenriss. Wir müssen ihn bitten, aufzuhören.

Nach dem Essen und dem Abwasch gehe ich zur Tür. Amby und sein Vater scheinen durch einen unsichtbaren Faden oder ein Kraftfeld im Raum verbunden zu sein. Sie wollen mich nicht dabeihaben. Also verzieh ich mich.

–

Zeit, zum Training aufzubrechen. Ich stehe vor Ambys Schlafzimmertür. Er hat sich in seine Bettdecke eingerollt.

»Komm schon.«

»Ich habe vergessen, dir zu sagen, dass mein Trainer sich heute verspäten wird.«

»Wer?«

»Mein Trainer.«

»Dein Trainer? Herrgott, ich kenne deinen Trainer, du Knallkopf.«

»Okay. Archie. Er wird sich verspäten, also müssen wir noch nicht los.«

»Vielen Dank für die Info.«

–

Über mir eine dicke graue Wolkendecke. Es ist fast dunkel. Die Scheinwerfer blenden mich. Ich habe meinen Hut vergessen. Es wird bereits kühler. Ich habe meine Handschuhe vergessen. Die Jungs rennen in einer Gruppe an mir vorbei, um sich aufzuwärmen, und unterhalten sich leise. Derjenige, der Blut gehustet hat, ist wieder dabei. Komme ich zum Training, weil ich einen Grund brauche, um bei Dämmerung im Park zu sein? Um den Einbruch der Nacht zu betrachten? Die Züge der Hochbahn donnern an uns vorbei. Ich tue nichts weiter, als einfach nur da zu sein. Vielleicht bringt das ja was.

Ein dünner Mann mit einem hübschen kleinen Rucksack auf dem Rücken tritt in die Pedale. Er lehnt sein Fahrrad an einen Pfosten und kommt heran, lehnt sich neben mich ans Geländer. Er stellt sich als Fitzys Vater vor, ein Allgemeinmediziner und Cheftrainer des Clubs. Wir plaudern kurz über Pilze und wundern uns über das Vergiftungsdrama, das sich unten in Korumburra abspielt. Er gibt mir eine lehrbuchmäßige Beschreibung der Art von Beinbruch, die sich der junge Collingwood-Star Nick Daicos zugezogen hat. Er ist an diesem Abend gekommen, um nach Verletzungen zu sehen.

»Um diese Jahreszeit«, sagt er, »fühlen sich Verletzungen im Weichteilgewebe schmerzhafter an.«

Einer der Jungs kommt herüber, begrüßt ihn mit einem Lächeln und berichtet von seinen jüngsten Beschwerden.

»Meinst du, du kannst ein Viertel spielen? Du wirst natürlich nicht so hart spielen wie sonst.«

»Ich bin neulich Abend gesprintet«, sagt der Junge selbstbewusst, »und es ging ganz gut.«

»In Ordnung. Du kannst tiefer stehen. Schau einfach mal, wie es läuft.«

Er joggt los, zurück zu den Übungen.

»Was bedeutet ›tief‹?«

»Vorne oder hinten. Bloß nicht Mittelfeld.«

»Haben Sie als Junge Fußball gespielt?«

Er lacht. »Ich selber nie. In der Schule war ich im Schachclub. Aber ich liebe Fußball. Wir sind Fans von Essendon. Und bei diesen Jungs hier« – er deutet auf die schreienden Colts, die ihre schnellen Handspielzüge exerzieren – »in ihrer Nähe fühl ich mich wohl.«

Ah. Also geht es nicht nur mir so.

Ich schaue auf, und auf der anderen Seite des Spielfelds bietet sich mir ein alarmierender Anblick: 18 Jungs in orangefarbenen Westen versammeln sich im Dämmerlicht, mit dem Gesicht zu uns. Es ist die U18. Es wird ein Testspiel geben. Die U16 zieht ihre T-Shirts und Pullover aus und stülpt sie um. Ihre dreieckigen Oberkörper sind winterliches Elfenbein – glatte, jugendliche Muskeln.

Eine Stunde später, während sie ihre Alltagskleidung anziehen, heizt Archie sie für ihr bevorstehendes Spiel gegen das gefürchtete Newport an. Ich kann nicht hören, was er sagt, aber ich sehe, wie sie sich eng um ihn drängen und ab und zu einen Schrei oder ein Rufen ausstoßen. Kurz bevor sie sich bis Sonntag trennen, bittet Remy um Ruhe und verkündet mit kräftiger Stentorstimme: »Jungs! Es geht nicht um die Nummer auf dem Rücken. Es geht um das Wappen auf der Vorderseite.«

Ich kann mir das Lachen kaum verkneifen. Ich bewundere sie. Ich bin ihnen verfallen. Deshalb bin ich hier.

Auf der Heimfahrt berichtet Amby in beinah unbeteiligtem Tonfall, was Archie ihm erzählt hat. Der Scout von Calder Cannons habe ihn gefragt: »Ist Ambrose gut? Er hat in Point Cook fabelhaft gespielt. Er hat eine tolle Sprungkraft und, mein Gott, ist er stark.«

Was auch immer sonst jemals passiert, Amby wird sich bis ans Ende seiner Tage über den Satz »Mein Gott, ist er stark« freuen.

–

Auf dem Spielfeld in Newport herrscht am Sonntag eine lärmende, festliche Atmosphäre, fast wie auf einer Party. Familien sind vollständig angetreten: Frauen in Hidschab und langen Mänteln, eingehüllt in schräg herabfallende, flatternde Stoffbahnen; Männer mit nackten Knöcheln in engen schwarzen Trainingsanzügen und kleinen runden Schädelkappen. In ihrem Auftreten liegt eine freundliche Respektlosigkeit. Auf einem Plakat, das dazu aufruft, sich ehrenamtlich zu engagieren, hat ein Witzbold gekritzelt: Der Schiedsrichter ist ein Pädo.

Jeder gefangene Ball, jede halbwegs gelungene Aktion wird lautstark bejubelt; die Eltern blicken ins Rund, um ihre Freude zu teilen. Wie leise sind dagegen die Unterstützer unseres Teams! Wir stehen da wie Großstadt-Intellektuelle, analysieren unsere Jungs, kritisieren jede ihrer Bewegungen und verwenden Konjunktive für einen milden Tadel: »Er hätte ... er sollte ... er müsste ...«.

»Wir haben den ganzen Tag über wirklich schlecht gekickt«, sagt Ambys Vater. »Normalerweise sind wir mit dem Fuß ziemlich gut, aber wir kommen mit dem Druck einfach nicht klar. Sie lassen uns überhaupt keine Verschnaufpause. 95 Prozent unserer Schüsse waren Mist.«

Warum sind wir nicht alle mit unseren ganzen Familien hier? Es sind doch von uns aus nur dreißig Minuten nach Westen. Warum treten wir nicht als johlende Meute an, die ihre Jungs anfeuert und ermutigt, anstatt unsere Enttäuschung zu äußern? Sie verdienen es, unsere Liebe und Loyalität zu spüren, unseren Glauben an sie, da draußen auf dem harten, trockenen Spielfeld, wo sie heute den schwereren, taktisch klugen Middle-Eastern-Jungs trotz aller Tapferkeit und verzweifeltem Einsatz mit 64 zu 22 Punkten unterliegen.

Währenddessen verlieren in Tasmanien die Western Bulldogs gerade mit drei Punkten Rückstand gegen Hawthorn.

»Typisch«, sagt Ambys Vater und steckt sein Handy in die Tasche. »Das passiert ihnen jedes Mal. Was für ein beschissener Tag für den Fußball.«

Ich mache einen zaghaften Versuch, ihn davon abzuhalten, in Trübsal, Verzweiflung und Verachtung zu versinken: »Das hat nichts zu bedeuten, weißt du.«

»Nun, eigentlich schon.«

»Nicht im großen Ganzen.«

»Da vielleicht nicht. Aber es war ein Spiel, das die Dogs hätten gewinnen müssen. Mit mindestens acht Punkten Vorsprung.«

Wir trotten zum Spielfeld, um in der Nähe unserer Jungs zu sein. Die beiden Teams gruppieren sich und stehen sich noch einmal gegenüber, um die formellen Aspekte von Sieg und Niederlage zu klären – eine Tradition, die ich liebe und die ich immer als etwas Richtiges empfunden habe. Als ich sehe, wie die Spieler von Newport in einem v-förmigen Block auf die unsrigen zugehen, erschrecke ich für eine Sekunde, wie beim Anmarsch eines Regiments, aber ihr Kapitän und ihr Trainer lächeln freundlich. Ich weiß, dass es kein gewalttätiges oder schmutziges Spiel war. Sie haben uns einfach überspielt. Als wir uns die Hände schütteln, bin ich stolz, dass Amby und der große Stürmer von Newport mit den aufgeschürften Schienbeinen, der die meisten ihrer Tore geschossen hat, sich in die Augen sehen und sogar lachen.

Vor den Umkleiden warten wir darauf, dass aus zerzausten Colts wieder normale Kinder werden, die nach Hause wollen. Ihr ehemaliger Trainer, der Vater von Tommy und Ned, sagt mir mit phlegmatischer Stimme: »Das ist bei U16-Spielern immer so. Die Jungs aus Middle East entwickeln sich früher. In diesem Alter sind sie fast schon wie Männer. In etwa einem Jahr werden unsere Jungs mehr Muskelmasse aufgebaut haben und die Jungs aus Middle East werden diesen Vorteil nicht mehr haben.«

Wir nehmen Liam mit und bringen ihn zum Bahnhof in Newmarket. Ambys Vater lässt es sich nicht nehmen, ihn zu loben: »Dein Cross-Body-Kick zu Remy war sehr gut.« Der schüchterne Liam, der mit Amby auf dem Rücksitz sitzt, antwortet nicht, oder wenn doch, höre ich es nicht. Ich erinnere mich an drei Väter aus Newport, die ich unter einem Baum sah, als wir am Oval ankamen. Sie standen ruhig, mit dem Rücken zum Spielfeld und knieten dann nebeneinander auf einer kleinen Matte, die Hände mit den Handflächen nach oben ausgestreckt, mit der Bitte um himmlische Hilfe (eine Geste der Fürbitte).

Amby und sein Vater müssen sich eine äußerst detaillierte Nachbesprechung des Spiels geliefert haben, während ich nur in meinem Haus herumgedaddelt habe. Als ich zum Abendessen meine halbe Flasche Wein mit in ihre Küche bringe, telefoniert Amby mit einem Freund, sein Vater (mit einer Mütze der Bulldogs auf dem Kopf) schält fleißig Kartoffeln für den Schweinebraten, und die Stimmung ist ausgelassen. Ambys Vater erklärt mir ihren Plan für die Colts. Ich sehe sofort, dass er Sinn ergibt – das heißt, ich verstehe, worauf er hinauswill. Vielleicht bin ich doch nicht so blöd in Sachen Fußball, wie ich dachte.

Das Problem ist, sagt er, dass keiner unserer Stürmer von Natur aus extrovertiert ist. »Sie sind alle Teil des Teams und haben ihre guten Tage, aber es gibt keinen Führungsspieler, der das Sagen hat und Woche für Woche den Ball fordert.« Was wir brauchen, sagt er, ist ein beständiger Stürmer von dominierender Präsenz, wie zum Beispiel Remy – ein immer anspielbarer Leuchtturm. Remy könnte für die Sturmreihe das sein, was Boof für die Verteidigung ist. Angus könne in den Ruck gehen, wenn Amby eine Pause braucht. Er habe den richtigen Kampfgeist, sei groß und athletisch genug für den Job. Er könne danach wieder nach vorne gehen, wenn es nötig sei.

Zumindest glaube ich, dass er das sagt. Ich stelle mir vor, dass in jeder Küche der Coltsfans jede Familie ihre eigene taktische Eingebung hat.

An diesem Abend erhalte ich eine SMS von der Mutter des Trainers. »Arch«, schreibt sie, »ist fassungslos und hat keine Erklärung für das Spiel.«

–

Ambys Mutter ist wieder in Canberra und beendet ihr Forschungsstipendium. Ambys Ohren sind seit etwa einer Woche verstopft. Wir dachten, es sei ein Pfropf aus Ohrenschmalz, und ich habe immer wieder Waxsol hineingeträufelt, aber ohne Erfolg. Sein Vater meint, wir sollten Ohrkerzen besorgen. Ich google sie. Sie kommen mir suspekt vor. Ich besorge ihm einen Arzttermin für Montag vor der Schule.

Der Hausarzt schaut mit seinem kleinen spitzen

Gerät in seine Ohren und sagt: »Da ist kein Ohrenschmalz. Deine Trommelfelle sind alle rot. Es ist eine Mittelohrentzündung. Sehr ausgeprägt.«

Schuldbewusst kaufe ich die Antibiotika und ein Nasenspray und bringe ihn mit seinem ärztlichen Attest zur Schule. Zur Mittagszeit schicke ich ihm eine Erinnerung, dass er die zweite Pille nehmen soll. Er antwortet nicht.

Ich komme am späten Nachmittag nach Hause. Bald ist es Zeit für das Training. Hinter seiner geschlossenen Schlafzimmertür dringt Musik nach draußen. Ich klopfe an und betrete das Zimmer. Er liegt in seiner Schuluniform auf seinem Bett.

»Ist alles in Ordnung?«

»Ja«, sagt er tonlos.

»Hast du die Pille genommen?«

»Ja.«

»Gehst du zum Training?«

»Ja.«

»Was ist los?«

Er richtet sich vom Kissen auf, sein Gesicht ist dunkel und konzentriert, genau wie beim Spielen. »Nichts. Nichts. NICHTS HAT SICH VERÄNDERT.«

Erschrocken suche ich das Weite und stapfe zurück in mein Haus. Dann geh doch zum Training. Was, wenn ich ihm sage, er soll mit seinem verdammten Fahrrad fahren? Aber er könnte im Dunkeln im Verkehr stürzen und dann wäre ich schuld, weil ich geschmollt habe. Meine Selbstbezogenheit schwindet mit einem langen, langsamen, hörbaren Zischen. Wer bin ich denn, dass ich in seine Privatsphäre eindringe, mich von seinem Leben bediene und versuche, ein Buch darüber zu schreiben?

Ich gehe düster meinen Haushaltspflichten nach, den Hühnern, der Wäsche, die nur halb trocken geworden ist. Ich bin wieder das, was ich schon immer war: ein sehr kleines Stück Scheiße, und jetzt auch noch ein altes, einsames, trauriges, hässliches, geschwätziges, lästiges, langweiliges Stück Scheiße.

Nach zwanzig Minuten ruft er mich an, es kann losgehen. Auf der Fahrt zum Spielfeld sagt er: »Ich finde, die Saison hat genau die richtige Länge. Sie endet, wenn man anfängt, sie zu hassen. Und dann, nach einer Weile, sehnt man sich wieder danach – man weiß ja nicht, wie man seine – Dings – loswird.«

»Wut?«

»Vielleicht.«

»Warum hast du mich vorhin angeschrien?«

»Was?«

»Warum du mich angeschrien hast?«

Er seufzt.

»Ich weiß nie, ob du deine Hörgeräte drin hast oder nicht. Und ich hatte einen schlechten Tag in der Schule. Entschuldige. Entschuldige, dass ich dich angeschrien habe.«

»Schon gut. Ist okay.«

Um 5:45 Uhr kommen wir an der Kensington Road an. Niemand sonst ist da. Der Himmel hat einen leichten Rosastich, neblig, aber irgendwie rein.

Das Gehölz ist noch kahl und stachelig.

»Es ist kalt. Wenn du feststellen solltest, dass ich weg bin ... ich komm um halb acht zurück.«

»Ich merke nie, ob du hier bist oder nicht.«

Das ist es, was ich wollte, gleich vom ersten Training an, damals im Februar – zumindest dachte ich, dass ich es wollte, und war stolz darauf –, die unsichtbare Zeugin zu sein. Wenn er es mir jedoch so aufs Brot schmiert, schmerzt es. Er hüpft schweigend hinaus und entfernt sich. Als ich mich beruhigt habe, schleiche ich mich zu meinem Platz am Geländer, in angemessener Entfernung vom Team.

Es ist so gut wie dunkel. Das Feld nebenan, das Soccerfeld, leuchtet weiß, aber unsere Scheinwerfer sind noch aus. Die Kälte dringt sogar in die Handschuhe. Wo sind denn bloß alle?

Moment mal – da ist Aidan, er läuft diagonal über das dämmrige Feld. Archie, groß und schlaksig in seinem weiten weißen Hoodie, steigt aus seinem Lieferwagen und schleppt Säcke mit Ausrüstung. Jetzt kommt ein Junge, der wie Remy aussieht, aber kleiner ist. Ist es Antonio? – Und Remy selbst springt über die Bande, schwingt eine schwarze Tasche. Unterhalb seiner dunklen Locken ist sein Nacken ausrasiert: das Gegenteil eines Vokuhilas.

Sie kommen aus allen Richtungen, nicht in Eile, gehen gleichmäßig und gewissenhaft oder rutschen oder treten in die Pedale oder klettern aus den Autos ihrer Eltern. Während sie sich versammeln, tippt Archie jedem Jungen auf die Hand. Sie bilden einen lockeren Kreis um ihn herum. Ein Hauch von Wärmesalbe liegt in der Luft. Archies Stimme, scharf und ernst. Sie alle teilen ein erhabenes Ziel, dem sie verpflichtet sind. Es ist ein Jungs-Ding. Meine Aufgabe ist es, davon Zeugnis abzulegen.

–

Am Dienstagmorgen vor dem Distrikt-Finale erwache ich aus unruhigem Schlaf und finde eine SMS von

Archie, die ich in der Nacht verpasst habe. Sie handelt von Boof. Während das Finale näher rückt, wendet sich Boofs Herz im Northern Territory treu nach Süden zu seinen Kumpels bei den Colts. Das beruht auf Gegenseitigkeit: Seit er weg ist, klafft eine Lücke in der Mannschaft – nicht nur in ihrem Spiel, sondern auch in ihrem Geist und ihrem Selbstverständnis als Team. Boof ist der Typ, den man neben sich im Schützengraben haben will. Aber er ist nicht hier. Und jetzt hat sein Vater Archie eine SMS von Boof aus Darwin weitergeleitet:

Buch die Flugtickets
Jake ist nicht zuversichtlich
Schafft mich hier weg
Ich komme nach Hause

Er wird am Samstagabend um 23:40 Uhr ankommen und am Sonntagabend um 6:40 Uhr wieder nach Darwin aufbrechen. Archie ist außer sich vor Freude. »Er liebt seine Kumpels so sehr, dass er für neunzehn Stunden zurückkommt, nur um zu ihrem Sieg beizutragen!«

–

Heute Abend beim Training ist es sehr kalt: bewölkt und düster. Ich sehe eine Weile zu, verträumt. Zwischen den Übungen und ohne ersichtlichen Grund lässt jemand seine Shorts runter und entblößt seinen Hintern, zwei perfekte, schneeweiße Kugeln. Niemand scheint es zu bemerken, oder wenn doch, dann ignorieren sie es. Amby trainiert mit verzweifelter

Energie und Entschlossenheit. Er wird niemals aufgeben. Wenn er den Ball verfehlt, versucht er es erneut, und wieder, dreht sich, wehrt Gegner ab, rennt los, prellt den Ball, mit hochgezogenen Schultern und fliegenden Haaren.

Mir wird kalt, und ich ziehe mich ins Auto zurück, wodurch ich das Spiel gegen die U18-Mannschaft verpasse. Schließlich kommt Amby freudestrahlend ins Auto und zeigt mir sein aufgeschlagenes Knie, eine saftige Wunde, aus der Blut über sein behaartes Schienbein und seine Wade läuft.

»Stell dir vor! Weißt du, in wen ich verknallt bin? Also, ihr Bruder spielt in der U18-Mannschaft und ihr Vater ist ihr Assistenztrainer. Er hat heute gepfiffen. Und kurz vor dem Anstoß – er hatte den Ball in der Hand – sagte er zu mir: ›Du bist Ambrose? Hab schon viel von dir gehört! Schön, dich endlich kennenzulernen!‹ Und er hat mir die Hand geschüttelt!« In einem Anfall von irrem Gelächter wirft er den Kopf zurück.

In der Küche stelle ich ihn vor eine Wand, damit ich ein Foto von der blutenden Wunde machen kann, das ich seiner Mutter schicken will. Er trägt immer noch kurze weiße Socken und Birkenstocks. Wir sind uns einig, dass das nicht gut aussieht. Ich bringe ihn dazu, die Sandalen auszuziehen.

»Wie hast du dir die Schnittwunde zugezogen?«

»Bei einem Tackling gegen Kang.«

»Wer ist Kang?«

»Ein Junge aus meiner Schule. Der Zweikampf war fair. Ich kam mit dem Knie auf dem Boden auf.«

(Er sagt immer ›Boden‹ statt ›Rasen‹.)

Sein Vater schickt uns in die Racecourse Road, um Fladenbrot zu holen. Als wir an der Doutta Galla vorbeigehen, legt Amby seinen Arm entspannt über meine Schultern, ich lege meinen um seine Taille, und so gehen wir weiter, wie Freunde, gemütlich und entspannt. Ich muss an die Zeit denken, als er noch nicht einmal ein Kleinkind war und ich die absurde Idee hatte, ihn auf dem Arm mit in die Stadt zu nehmen. Ich hatte ihn als winzig empfunden, aber schon nach hundert Metern war er ein riesiger Klotz. Wir trafen unsere Nachbarin in der Nähe der Unterführung, und sie sagte mir rundheraus, dass ich verrückt sei. Ich wollte nicht umkehren. Wir bogen um die Kurve und sahen einen herrenlosen Buggy, der im Tunnel auf der Seite lag. »Da ist dein Kinderwagen, Helen«, sagte unsere Nachbarin auf ihre spöttische Art. Ich richtete ihn auf und setzte Amby hinein, und weiter ging es zum Bahnhof.

Als wir heute Abend mit dem Brot nach Hause gingen, erzählte ich ihm von meinen Gedanken über die Stille der Colts-Anhänger beim Spiel in Newport. Ich fragte ihn, ob es ihnen was ausmacht, ob sie die Zuschauer überhaupt hören, wenn sie spielen. Er sagt nein: »Wenn man den Ball hat und über das Feld läuft, konzentriert man sich auf das Prellen, man scannt die Umgebung, sucht sich ein Ziel, schaut, ob jemand sich von hinten nähert, man hört überhaupt nichts.«

»Und spürst du als Spieler den Moment, in dem dein Team den Mut verliert und der Zusammenhalt nachlässt?«

»Ja. Das spürt man. Man kann sich nicht mehr sicher sein, dass die Leute da sind, wo man sie braucht.«

–

Am Tag des Distrikt-Finales erwache ich frühmorgens aus einem bizarren Traum: Ich war in Paris, ging eine Allee entlang und sah –

Ich sitze kerzengerade in meinem Bett. Ist das eine Vorhersage? Ein Omen? Oh nein! Ich kann unmöglich jemandem davon erzählen. Was, wenn ich es ihnen erzähle und sie deshalb verlieren?

Beim Frühstück nebenan bahnt sich gerade eine kleine Krise an. Ambys Bruder, der am Abend zuvor auf einer Party war, ist gerade im Badezimmer ohnmächtig geworden. Zweimal. Jetzt sitzt er ziemlich niedergeschlagen neben seiner fürsorglichen Freundin auf der Couch. Während wir ihm alle möglichen Fragen stellen, ist Amby ganz woanders, in seiner eigenen Welt. Er steht an der Küchenzeile, macht sich einen Kaffee und singt die Doo-Wop-Version von »I Only Have Eyes for You« der Flamingos mit.

Ich blättere zu den Sportseiten des *Sunday Age* und sehe ein furchterregendes Foto: Carltons »Speerspitze«, der berühmte, hübsche, lockenköpfige Charlie Curnow, der sich am Tag zuvor im Spiel gegen Gold Coast »die Blauen auf den Rücken gepackt« und »sie höchstpersönlich über die Ziellinie getragen« hat. Ich starre entsetzt auf das Foto: Sein massiver Kopf im Profil, steifer Nacken und zusammengebissener Kiefer, und sein nackter rechter Arm, prall vor Muskeln und Sehnen und unverhältnismäßig gewaltig, schwingt triumphierend eine keulenförmige Faust. Es ist homerisch: die ganze hässliche Brutalität eines zornigen Achill, aber auch diese seltsame und großartige Schönheit.

Nach dem Frühstück schleiche ich mich ins Internet und schaue mir die letzten Momente des Spiels an. Curnow geht aus einem Zweikampf im Torraum als Sieger hervor und landet einen eigentlich unmöglichen Treffer, der seine Mannschaft rettet – sein Schuss ist perfekt, die Menge tobt –, und er senkt den Kopf, greift ihn mit beiden Händen und lässt sich auf Knie und Ellbogen auf das Spielfeld fallen, in einer Athletenhaltung, die so alt und mythisch ist, dass ich keine Worte dafür finde.

Ambys Mutter ist noch in Canberra, also soll ich sie am Sonntag beim Finale vertreten und die Jungs mit Orangen und sauren Schlangen versorgen. Unter der Woche erwähne ich dies stolz gegenüber meinem Freund aus Newcastle. Er lacht: »Die Orangen- und Schlangenlady? Klingt wie eine Figur von einer Tarotkarte.« Ich gehe meine Aufgabe mit großer Ernsthaftigkeit an – welche Sorte von Orangen? Und wie viele? Ist eine pro Junge genug? Soll ich sie vierteln oder sechsteln? Und die Schlangen nach dem dritten Viertel – nehme ich solche mit weniger Zucker? Aber ist es nicht ihr ganzer Zweck, den Jungs einen Zuckerschub zu verabreichen, der sie bis zur letzten Sirene durchhalten lässt?

Meine Anspannung an diesem Tag ist so groß, dass ich immer noch nicht mit dem Schneiden des Obstes fertig bin, als Amby und sein Vater sich bereit machen. Sie gehen ohne mich. Auf dem Weg zur Tür umarmt mich Amby fest und murmelt: »Ich werd sie vernichten. Ich werd sie vernichten.« Ist dies der Moment, in dem er seine Angst an mich weitergibt, damit ich sie übernehme?

Mit meiner alten Straßenkarte fahre ich nach West

Essendon, parke mein Auto auf dem bergigen Gelände des St. Bernard's College und schleppe meinen schweren Korb zum Spielfeldrand. Es liegt am Fuße eines ausgebaggerten Bereichs. Wenn ich nicht vor Nervosität halluziniere, wurde hier ein halber Berg abgetragen, um Platz für Footy zu schaffen.

Es ist ein strahlender Frühlingstag, hohe Wolken, sanfte Luft. Alle sind aufgedreht und in Hochstimmung. Silas' Vater und ich machen uns auf die Suche nach den Jungs. Das Team, gegen das wir spielen, Hoppers Crossing, macht im Flur des Pavillons einen Höllenlärm. Wir gehen mit gesenkten Blicken an ihnen vorbei und betreten den Raum, in dem die Colts warten.

Für einen Moment glaube ich, ich falle in Ohnmacht.

Sie sind riesig.

Selbst die Kleineren, Schmächtigeren, Jüngeren überragen mich – Ned! Harvey! Joey! Wann seid ihr so groß geworden? Sie sind in dem kahlen Betonraum zusammengepfercht, wuseln herum, ein Gewirr aus Schultern, Oberkörpern und Oberschenkeln – gestreifte Oberteile und weiße Shorts, Stiefel in allen Farben, Vokuhilas und kurz geschnittene Köpfe und zerzauste Frisuren, riesige Gesichter und Augen und Zähne und donnernde Stimmen. Ich stehe mit meinem Korb auf der Schwelle wie Rotkäppchen am Waldrand.

Die Luft im Raum ist von Spannung erfüllt: Sie können es kaum erwarten. Ich kann Boof nicht sehen, aber er muss hier irgendwo sein, zwischen den Größeren, und sie anfeuern. Sie drängen auseinander, und ich erhasche einen Blick auf seine dichten schwarzen

Locken, sein entschlossenes Gesicht. Archie spricht leise und eindringlich zu ihnen: »Jeder einzelne von uns wird um sein Leben rennen.« Ich kann nicht hören, was Remy sagt; etwas betäubt mich – Aufregung und Angst.

Sie halten inne, damit Angus in der Ecke eine schüchterne kleine Rede über den »Zug zum Tor« halten kann, dann werfen sie sich in einem Kreis in die Arme, um ihren Refrain zu brüllen, und rauschen an mir vorbei wie ein Dammbruch. Ich drücke mich flach an die Wand, und sie ergießen sich die Betontreppe hinunter zum Spielfeld, ihre Stollenschuhe klappern so laut wie Pferdehufe.

Fitzy schießt das erste Tor. Sie stürzen auf ihn zu und überschütten ihn mit Anerkennung. Von dem Moment an, in dem ich sein Gesicht sehe, nervös, verlegen zwischen den sich auf und ab bewegenden Körpern, verschwimmt das Spiel vor meinen Augen. Notizbuch und Bleistift sind vergessen.

Ich erinnere mich nur an einzelne, unzusammenhängende Bilder. Meths Mutter, die sich mit offenem Mund zu mir umdreht, als ihr Sohn geschmeidig und schwungvoll sprintet. Harvey schießt drei Tore hintereinander: peng, peng, peng. Heftige, schnelle Tacklings, Körper, die Purzelbäume schlagen und wieder auf die Beine kommen. Mädchen in meiner Nähe rufen: »Ambee! Ambee!«

Eine Frau schreit; vielleicht war ich es selbst.

Boofs Mutter: »Pass auf, Helen – du bekommst noch einen Herzinfarkt!«

Lautes Gelächter. »Ich kann mir schlimmere Arten zu sterben vorstellen.«

In der Halbzeitpause holen meine Schwester und

ich die Orangen heraus, halten die Plastikbox hin und flüstern: »Gepriesen seist du.« Die riesigen Jungs schütteln den Kopf oder greifen sich eine Handvoll Obst und schlingen es hinunter.

Drittes Viertel. Wir liegen vorne, wir liegen noch weiter vorne. Jake gewinnt ein Tackling, schießt ein Tor aus einem Freistoß heraus; sein Vater am Spielfeldrand sieht, wie er provokativ ein wenig stolziert, und ruft warnend: »Nein! Nein!«, aber drei Jungs von Hoppers Crossing verlieren die Beherrschung, und einer von ihnen rennt Jake mit voller Wucht um. Angus schreitet ein, um ihn zu unterstützen, und es geht los. Die Pfeifen schrillen. Sie schicken Angus vom Platz!

Und eine Szene wie in Zeitlupe, wie ein Straßenfoto vor einem Nachtclub: Der langbeinige Angus, aufrecht, blass, die Arme weit ausgebreitet, lehnt sich an eine Wand aus Jungen, die ihn vom Feld drängen. Boof hat ihn mit der Gelassenheit eines Türstehers aus der Schlägerei herausgeholt und in Richtung Trainerbank gelotst: Boof, der Friedensstifter, beugt sich weit vor, fast schon kauernd neben seinem größeren Teamkollegen, sein helles Gesicht schaut auf Höhe von Angus' Achselhöhle hervor, bereit, ihn wieder auf den rechten Weg zu bringen.

Angus schlendert in den kleinen Unterstand, bemüht sich um Lässigkeit und setzt sich auf die Bank. Seine Strafe beträgt nur fünfzehn Minuten, eine Gelbe Karte, keine Rote: Er kann nächsten Sonntag spielen, wenn wir heute durchkommen.

Und, mein Gott, ich glaube, das werden wir. Kurz vor Ende des dritten Viertels fängt Joey den Ball auf der Position des linken Außenstürmers. Die Sirene ertönt. Das Viertel ist vorbei. Alle erstarren, um zu sehen, wie dieser dünne Junge seinen Schuss ausführt. Von den Anhängern der Hoppers Crossing ertönt ein dünnes, spöttisches Heulen. Wir hören, wie Joeys Schuh das Leder trifft und der Ball dreißig Meter weit fliegt, wunderschön, perfekt, genau zwischen die großen Stöcke. Seine Teamkollegen eilen jubelnd auf ihn zu und reißen ihn von den Füßen.

Die Colts stürmen mit furchtloser Stärke und Entschlossenheit ins letzte Viertel und überraschen ihre Eltern, die ihre Freude nicht zurückhalten können. Wir gewinnen, 77:42. Die Leute taumeln lachend herum, wischen sich die Augen, staunen einander an. Das haben wir noch nie geschafft! Wir sind im großen Finale.

Ich habe noch ein Dutzend saftige Orangenstücke in meinem Behälter. Ich biete sie wahllos jedem Passanten an. Viele nehmen an, aber ich mache den Fehler, die Schachtel einer Mutter und ihrem Sohn hinzuhalten, die, wie ich zu spät bemerke, zum anderen Team gehören müssen. Die Mutter gibt ein verwirrtes Murmeln von sich, ohne mir in die Augen zu sehen, und der Junge starrt mich mit einem kalten, toten Blick an.

Ein Mann mit einem hängenden grauen Schnurrbart geht vorbei und ruft Boofs Mutter über die Schulter zu: »Ja, schon gut, ihr hattet das bessere Team als wir, aber der Schiedsrichter war parteiisch – dieser Fettsack!«

»Das war er nicht!«, erwidert sie und kämpft sich mit ihren Armen voller Gerätschaften und großen Bündeln blauer und gelber Luftschlangen voran. »Er hat einen wirklich guten Job gemacht! Und ich wüsste nicht, dass du dich freiwillig gemeldet hättest.«

Er schlurft knurrend davon.

Sie sieht mich mit einem Achselzucken an. »Das passiert oft. Man gewöhnt sich daran.«

Wir fahren in zwei Autos nach Hause. Ambys Vater, der neben seinem euphorischen und gedankenverlorenen Sohn sitzt, fährt an mir vorbei aus dem Parkplatz. Er kurbelt das Fenster herunter und murmelt mit leiser, angewiderter Stimme: »Hast du es gehört?«

»Was?«

»Die Bulldogs haben verloren. Gegen West Coast.«

Er legt den Gang ein und rast den Hügel hinauf, am Boden zerstört. Warum bin ich es nicht? Haben diese Jungs mir den Platz in meinem Herzen weggenommen, den die mächtigen Western Bulldogs seit zwanzig Jahren innehatten?

Während die Leute glücklich und zufrieden vom Sportplatz des St. Bernard's strömen, spricht sich herum, dass der Club im Hardiman's Pub in Kensington ein paar Tische reserviert hat. Es wird etwas zu essen geben, und alle sind eingeladen, auf einen Drink vorbeizukommen und zu feiern.

Ambys Vater will nach Hause, um seine Wunden zu lecken, aber Amby und ich beschließen, zur Party zu gehen. Als wir durch die Bar im Erdgeschoss gehen, vibriert das ganze Gebäude im Footyfieber. Auf Großleinwänden wird ein AFL-Spiel übertragen, in Maximallautstärke. Wir steigen die Treppe hinauf und bleiben auf der Schwelle zum oberen Raum stehen.

Die U16-Jungs sitzen dicht gedrängt an drei großen

Tischen ganz hinten und essen Pizza. Die Väter und männlichen Teamoffiziellen stehen in einem großen lockeren Kreis am oberen Ende des Raumes, trinken Bier und diskutieren heftig. Alle anwesenden Frauen – Managerin, Mütter, Großmütter, Schwestern im Teenageralter – stehen auf halbem Weg zwischen den beiden Gruppen, mit dem Rücken zu den Männern und den Blicken voller Bewunderung auf ihre Jungs gerichtet, die sich an den Tischen den Bauch vollschlagen.

Jakes elegante Mutter steht mit einem Glas Wein in der Hand neben mir und zwinkert mir ironisch zu. Sie nickt in Richtung der Jungs und dann über ihre Schulter hinweg zu der Gruppe von Männern.

Sie zieht die Augenbrauen hoch: »Ein Klassiker, oder?«

»Das ist eine Zeitschleife! Wir sind wieder in den 1950ern!«

Wir brechen in Gelächter aus. Amby sprintet zu seinen Teamkameraden. Xaviers Vater, der Assistenztrainer, betritt den Raum. Er schlendert zu einem Tisch in der Mitte, an dem Boofs Mutter, ein paar andere Mütter und ich es geschafft haben, Stühle zu ergattern. Wir lächeln zu ihm hoch. Er zögert, grüßt uns flüchtig und stiehlt sich, angezogen von einer zentripetalen männlichen Kraft, in Richtung der Spielertische davon.

–

Bei Einbruch der Dunkelheit gehe ich in die Küche nebenan und setze mich mit Hund Smokey auf die Couch, während Ambys Vater wie immer das Abendessen macht. Nach diesem anstrengenden, triumphalen Tag bin ich so müde, dass ich nicht in der Lage bin, mich zu unterhalten. Und ich stelle fest, dass eine Unterhaltung nicht erforderlich ist. Ambys Vater hat seine Wut und Enttäuschung über die schmachvolle Niederlage der Bulldogs stundenlang unter Kontrolle gehalten, um den Jubel seines Sohnes nicht zu trüben. Aber jetzt, wo Amby in seinem Zimmer ist, die Tür hinter sich geschlossen hat und lauthals schreiend und lachend in sein Handy spricht, kann sein Vater seinem Ärger freien Lauf lassen. Und das tut er in einem Strom schmerzhafter, schlüssiger und tiefgründiger Analysen, die in einer Ansage gipfeln: Der Trainer, der die Bulldogs seit 2015 zu zwei Grand Finals und einem Meistertitel geführt hat, muss zurücktreten.

Ich liege auf der Couch am dunklen Ende des Zimmers, zwischen dem Bücherregal und dem ausgeschalteten Fernseher, lasse seine Tirade aus Wut und Trauer an mir vorbeifließen. Sehe, dass er untröstlich ist. Kann nichts dazu sagen. Alles, was von mir verlangt wird, ist, Gesellschaft zu leisten. Wie tief dieses Band, diese Loyalität bei Männern sitzt: Ich würde mich nie darüber lustig machen. Ich erinnere mich an einen Mann, der einmal zu mir sagte: »Ich kann es mir nicht leisten, Fan von einem Team zu sein. Ich meine, ich kann es mir psychisch nicht leisten, mit ihren Fehlern und Verlusten umzugehen.« Ich döse ein, wache auf und döse wieder ein. Der warme Rücken des schlafenden Hundes liegt an meiner Hüfte; ich streichle die sehnigen Fesseln seiner Hinterbeine und die rauen, trockenen Ballen seiner Pfoten, und Ambys Vater auf der Küchenbank klagt und trauert.

Und doch verrichtet er die ganze Zeit über ohne Groll seine tägliche Pflicht: Er hackt Gemüse mit dem Schlachtermesser, zerlegt geschickt das Huhn und schiebt die schweren Pfannen über das Kochfeld. Er arbeitet mit der geduldigen Hingabe eines Vaters, der seine Familie ernähren will.

–

Am Montag nach dem Sieg im Distrikt-Finale kommt Amby von der Schule nach Hause und sagt, dass er heute Abend wohl nicht zum Training gehen wird: »Ich bin von gestern noch ganz kaputt.«

Sein Vater und ich tauschen einen Blick aus. Wer von uns wird es ihm sagen? Wir reden gleichzeitig: »Du musst gehen, Amb. Bist du nicht der Kapitän? Vor dem großen Finale? Du kannst nicht daheim bleiben. Das ist doch klar. Du musst bei deinem Team sein.«

Er nimmt seine Tasche.

Die einzigen Menschen auf dem Sportplatz sind, als wir dort ankommen, zwei alte Kerle, die ruhig einander Bälle zukicken. Amby geht weiter, und ich bleibe in der Nähe der Recyclingbehälter stehen, um sie zu beobachten. Sie müssen in den Siebzigern sein, klobig und unförmig, ein Glatzkopf in einem roten T-Shirt und Shorts, ein Weißhaariger in einem schwarzen Trainingsanzug. Das Licht schwindet, und sie stapfen in der Dämmerung hin und her, gebückt, mit steifen Beinen, schweigend, treten schwach und langsam, versuchen zu fangen, greifen oft daneben. Sie können ihre Arme kaum heben und rennen nur ungern; wenn sie es müssen, sind ihre Bewegungen unbeholfen und steif, vermutlich durch Gelenkschmerzen eingeschränkt. Sie sind so in ihr Spiel vertieft, dass sie mich nicht bemerken. Mein Herz ist seltsam erwärmt. Ich fühle mit ihnen. Ich beneide sie. Ich sehne mich danach, mich unter dem Geländer durchzuducken und sie zu bitten, mich mitmachen zu lassen. Natürlich würde ich so etwas niemals tun.

Und ich erinnere mich mit melancholischem Bedauern an den heimlichen Entschluss, den ich am ersten Abend meines Trainings vor der Saison gefasst hatte: Ich würde die Bälle, die über die Begrenzung in den Skatepark fliegen, niemals aufheben und zurückbringen. Damals kam ich auf eine selbstgerechte feministische Begründung: Ich wollte nicht ihre Mutter, ihre Großmutter oder ihre Dienerin sein. Ich würde mich auch nicht bei ihnen einschleimen oder versuchen, ihre Freundin zu sein. Ich wollte mich zurückhalten, mich abkoppeln und beobachten. Ich wollte Augenzeugin sein, nicht mehr. Der wahre Grund ist natürlich, dass ich seit siebzig Jahren keinen Fußball mehr getreten habe. Ich habe vergessen, wie es geht, und habe Angst, dass ich mich zum Narren mache, dass man mich auslachen wird, wenn ich es versuche.

Ich nehme meinen Platz auf der Rücklehne meiner Bank ein. Es ist jetzt dunkel, das Flutlicht geht an. Frauen joggen vorbei, ein Dutzend von ihnen, mit ihren Lycra-Anzügen und ihren hellen Stirnlampen.

Auf dem Oval sind die Jungen nach dem gestrigen Sieg in Hochstimmung, lachen und ziehen sich gegenseitig auf. Angus versucht, Remys Shorts herunterzuziehen. Ein Junge wirft sich mit angewinkelten Knien auf den Rücken ins Gras. »Warum«, sagt Archie, »schaust du in die Sterne? Beim Training?« Sie stürzen sich in eine Handballübung und brüllen sich gegenseitig ihre Namen zu.

Ein Mann und eine Frau, regelmäßige Besucher im Park, halten beim Spazierengehen inne, um den Jungen bei der Arbeit zuzusehen. Der Mann fragt mit Anteilnahme: »Sind die Jungs diese Woche im Finale?«

»Ja«, sage ich, »im großen Finale.«

»Gegen wen spielen sie?«

»Newport.«

»Die muss ich mir mal ansehen!«, sagt er. »Viel Glück!«

–

Die ganze Woche über merke ich, dass ich keinen Hunger habe. Habe ich mir etwas eingefangen? Mein Herz schlägt zu schnell. Unter meinen Rippen klafft ein großes, leeres Loch. Ich bekomme nicht genug Luft, um es zu füllen. Erst beim Training am Donnerstag, dem letzten Training der Saison, merke ich, was los ist. »Du hast Lampenfieber«, sagt Archies Mutter. Unser Lachen klingt ziemlich schrill.

Harveys Ma zeigt mir ein Foto von seinem Knie, das direkt nach dem Zusammenprall im letzten Spiel aufgenommen wurde – eine schreckliche große, dicke Schwellung. Ich schnappe nach Luft und halte mir die Hand vor den Mund. Sie bleibt gelassen: »Sein Vater und ich sind beide Apotheker. Es ist viel besser geworden. Wir haben das im Griff.«

Ich höre nur noch undeutlich, was Archie den Jungs sagt, bevor sie sich bis Sonntag verabschieden.

»Schießt nicht zu hoch. Schießt ihn meinetwegen einfach über das Spielfeld.« – »Schießt ihn nach vorne. Schießt ihn ins Gras. Schießt ihn in den freien Raum – nutzt den freien Raum. Schießt ihn einfach nach vorne, damit Fitzy ihn erreichen kann.« – »Das sind große Kerle, aber sie sind langsam.« – »Wir werden rennen und rennen und rennen.« – »Es werden etwa tausend Leute zusehen – ihr müsst LAUT sein.« – »Und geht am Samstagabend nicht aus. Geht nicht aus!«

In der Küche sitzen Amby und ich und betrachten das Mannschaftsfoto, während wir über Verletzungen sprechen.

»Hast du Harveys Knie gesehen?«, sage ich. »Das sah schrecklich aus. Total geschwollen. Ist er gut?«

»Harvey? Harvey ist supergut. Ich habe mich beim Training immer mit verschiedenen Kids gemessen – du weißt schon, sie hart gerempelt, um zu sehen, was passiert. Meistens konnte ich sie aus dem Weg schieben, aber als ich es bei Harvey versuchte, bin ich etwa vier Meter weit abgeprallt. Und er stand kerzengrade da.«

Oje, wieder müssen sie gegen Newport antreten. Diese schwergewichtigen, finster dreinblickenden Typen. Vor zwei Wochen haben sie uns auf ihrem eigenen Spielfeld platt gemacht. Sie haben uns mit vierzig Punkten Unterschied geschlagen. Sie sind bereit, es wieder zu tun. Ich wette, sie haben sich neu formiert und sich massiv auf das Spiel vorbereitet und zwei Wochen im Fitnessstudio verbracht. Was ist, wenn die Colts zu leicht und schmächtig sind, um ihnen die Stirn zu bieten? Die werden uns fertigmachen. Das wird ein Massaker.

Ich versuche, mich mit alten Ausgaben des *New Yorker* abzulenken, aber alles, was ich lese, zwingt mich erst recht zurück zum Spiel. In einer Rezension eines Romans über Soldaten heißt es: »Der Körper unter Stress ist heroisch, bäumt sich auf, mit allem, was er hat, mit intaktem Bewusstsein, selbst wenn er vor Schmerz brüllt.« Jemand fragt James Baldwin nach Talent: »Ich kenne viele talentierte Ruinen. Neben dem Talent sind andere Dinge wichtig: Disziplin, Liebe, Glück, und vor allem: Ausdauer.«

Was werden unsere Jungs am Sonntag durchstehen müssen?

–

Am Samstag gehen Amby, sein Bruder und ich zum Frühstück ins Café. Amby überlegt, ob er sich vor oder nach dem morgigen Spiel die Haare schneiden lassen soll. Ich unterdrücke den Drang, zu sagen: »Lass dir NICHT die Haare schneiden! Hast du noch nie von Samson gehört?«

»Wenn ich es am Montag mache, sieht es am Mittwoch und Donnerstag gut aus.«

»Was ist am Mittwoch oder Donnerstag? Ein Date?«

Er lacht und runzelt die Stirn. Die Jungs holen ihre Handys heraus und vergleichen mögliche Frisuren. Amby zeigt mir die, die ihm gefällt.

»Die ist gut«, sage ich. »Sieht aus wie deine jetzige, aber hinten kürzer und etwas lichter.«

Sein Bruder, der einen zwei Wochen alten Igelschnitt trägt, inspiziert das Bild mit einem süffisanten Lächeln: »Nö.«

»Warum?«

»Es ist nicht … krass.«

»Ich will nicht krass sein«, sagt Amby. »Ich will nicht hart aussehen.«

»Willst du nicht Furcht einflößend aussehen?«, fragt sein Bruder.

»Was bedeutet Furcht einflößend?«, frage ich. »Als würdest du Gewalt anwenden, wenn du müsstest?«

Keiner von beiden hat eine Antwort parat.

»Zeig ihr den Edgar«, sagt sein Bruder.

Amby streckt das Handy aus. Mir entweicht ein Seufzer des Ekels. »Der Edgar«, heißt es auf der Website, »zeichnet sich durch starken Kontrast aus, Nacken und Seiten rasiert, mit kurzen, dicken Haaren oben und etwas Länge vorne. Der Pony wird nach unten gekämmt, um einen Teil der Stirn zu bedecken. Die Frisur ist modisch, robust und verwegen. Sie lässt dich gepflegt aussehen und hat Charakter.«

»Das ziehst du doch nicht in Betracht, oder?«

»Natürlich nicht.«

»Denkst du viel über das morgige Spiel nach?«

»Ja.«

»Wäre es nicht besser, sich auf etwas anderes zu konzentrieren? Bis es so weit ist?«

»Nein. Ich muss an den anderen Ruckman denken. Ich muss ...«

»Deine Taktik wählen?«

»Wie ich ihn neutralisieren kann. Ich muss ihn neutralisieren.«

»Wie? Durch besseres Timing?«

»Ja, Timing. Ich muss früher springen, damit ich auf ihn draufkomme.«

»So, wie dein Vater sagt? ›Ka-bumm‹? Der andere springt auf ›bumm‹, aber du springst auf ›ka‹?«

»Ja. Außerdem muss ich sicherstellen, dass ich einen 50/50-Ruck-Tap bekomme.«

Was zum Teufel ist ein 50/50-Ruck-Tap? Es scheint nicht der richtige Moment, um solche Fragen zu stellen.

Ach, ich hoffe, dass es morgen nicht eines dieser erbärmlichen »Krabbelspiele« wird, bei denen sich die Spieler in Haufen auf dem Spielfeld wälzen. Ich sehne mich nach dem, was man ein »gutes, sauberes Fußballspiel« nennt. Ich möchte ihnen zurufen: »Steht auf und rennt! Damit ich euch bewundern kann!«

–

Meine Tochter hat ihre Arbeit in Canberra erledigt und ist nach Hause geflogen. Früh am Morgen sitzen sie und Amby eng aneinander gekuschelt auf der Couch. Es ist schwer zu sagen, wer wen im Arm hält. Sie sind ineinander verschmolzen, in grenzenloser Zuneigung. Eine Mutter wird willkommen geheißen, die sechs Wochen lang weg war. In dieser Zeit habe ich mein Bestes getan, um ihren Platz auszufüllen.

–

Das Spiel findet in St. Bernard statt, der Privatschule mit dem spektakulär angelegten Sportplatz, auf dem wir letzten Sonntag Hoppers Crossing besiegt haben. Es ist ein kühler Frühlingstag. Die Leute kommen schon Stunden früher an. Alles, was ich sehe, scheint ein paar Zentimeter über »dem Boden« zu schweben.

Da wir nicht wissen, wo wir uns aufhalten sollen,

gehen Ambys Mutter und ich rund ums Spielfeld spazieren. Auf dem Rasen hinter dem Süd-Tor entdecke ich eine tote Ratte, die von einem anderen Tier sorgfältig ausgeweidet wurde und deren Gedärme sich in einer unheimlichen Geometrie auf dem Rasen ausbreiten. Ich fühle mich davon mit abergläubischer Furcht angezogen, aber meine Tochter will nicht einmal hinsehen.

Die Mutter von Meth kommt in ihrer hübschen weißen Daunenjacke mit den Orangen und Fruchtgummis an. Ein Mann, der seine kleine Tochter auf einer Picknickdecke im Arm hält, versucht ihr das Spiel zu erklären: »Schau, sie müssen den Ball bekommen und dann ...« Die Eltern und Geschwister, Tanten und Onkel, Großeltern, Schulkameraden und Freundinnen der U16-Spieler kommen nach und nach, bilden Kreise am Spielfeldrand und recken nervös ihre Hälse in Richtung des Pavillons, in dem die beiden Teams in getrennten Kabinen eingeschlossen sind und sich auf den Kampf vorbereiten.

Das Gebäude ist voller Jungen und Männer, die geschäftig auf und ab, rein- und rauslaufen. Es herrscht eine angespannte, gedämpfte Stimmung. Ich kämpfe mich die Treppe hinauf. Die Tür zum Besucherraum ist geschlossen, aber ich kann die verhaltenen Schreie der Colts hören. Archie berät sich im Flur mit Silas, die Köpfe zusammengesteckt, den Rücken zu mir gewandt, der Junge flehend, der Trainer entschlossen. Ich sollte nicht hier sein. Ich bremse hinter ihnen, gerade nah genug, um Silas sagen zu hören: »Ich bin heute dabei, Arch – ich verspreche es. Kann ich weiter vorne spielen?«

Ich renne zur Treppe. Ein Colts-Vater kommt in hohem Tempo an mir vorbei. »Boof ist da!«, ruft er. »Boof ist zurück!«

Unten auf dem Rasen bemerkt Boofs Vater, der sich vor Lachen kaum halten kann, mein Notizbuch und sagt: »Vergessen Sie nicht, die Väter lobend zu erwähnen, die ihre Söhne von Darwin nach Hause fliegen!«

Fitzys Vater, der Hausarzt und Trainer, geht zügig an uns vorbei und trägt in einer Hand einen leichten Metallrahmen mit Stoffriemen: Oh Gott, ist das eine Trage?

In der Nähe der Tribüne verteilt Harveys Mutter Luftschlangen, die wir einsetzen sollen, wenn das Team herausläuft: Einige der Mütter haben ein Papierbanner an Bambusstangen gebastelt, durch das die Jungs hindurchbrechen sollen.

Und da kommen sie schon die Stufen hinunter und stürmen durch das schmale Tor. Sie sehen uns nicht und kennen uns nicht, und wir erwarten auch nicht, dass sie uns sehen, und ich bin so damit beschäftigt, meine Luftschlangen zu entrollen und »Los, Colts!« zu brüllen, dass ich das Zerreißen des Banners verpasse und nur noch die Rückennummern unsrer Mannschaft sehe, und Fetzen des blauen Papiers, das auf dem Rasen flattert. Währenddessen hat Team Newport – in bedrohlichem Schwarz – seine Positionen eingenommen.

Die Offiziellen in Gelb marschieren aufs Feld, ein Schiedsrichter hält den Ball in einer Hand, mit steif ausgestrecktem Arm: die feierliche Geste, die für einen atemlosen Moment die Menge verstummen lässt.

Die Sirene, der Anstoß, die Ruckmänner springen, und mein Gehirn – bis jetzt konzentriert und aufmerksam – stottert, hat Aussetzer, schaltet sich aus. Statt des normalerweise dünnen Häufleins der Colts-Anhänger steht jetzt ein dichter Mob und schreit für ihre Jungs. Ich kann nichts hören, ich kann nicht denken, ich kann nicht sehen! Wo ist Ambys Vater? Ich muss in seine Nähe kommen, sonst bin ich verloren. Ich schleppe mich an der Seitenlinie entlang, bis ich ihn finde.

»Was ist los? Was ist los?«

»Dieses Spielfeld«, ruft er, »ist größer als das, auf dem sie uns besiegt haben! Das letzte Mal haben sie uns überrannt, weißt du noch? Sie haben uns völlig eingekesselt, wir hatten keinen Platz zum Ausweichen – unsere schnellen Läufer wurden gestoppt, bevor sie losrennen konnten –, aber dieses Spielfeld ist breiter. Sieh nur! Wir können rennen!«

Im ersten Viertel ist es ein Kopf-an-Kopf-Rennen. Ende des Viertels liegt Newport einen Punkt vorne, 20:19. Halbzeit, und wir liegen zwei Punkte vorne, 41:39. Ich renne zum Huddle, wo meine Gedanken immer noch funktionieren: Die Hände der Jungs tauchen in die Schachtel voller Schlangen und Orangen, ihre Augen sind starr und stechend, aus Ambys Nase sprießt ein Pfropfen aus blutgetränkter Watte, Archies Gesicht ist weißwangig und angespannt zwischen den dicht gedrängten Köpfen. Die Sirene ertönt. Das Team steht eng um seinen Trainer herum. »Setzt auf unsere Laufkraft, Jungs«, ruft er. »Wir können gewinnen, wenn wir bereit sind, es mit ihren großen Körpern aufzunehmen.«

»Das ist es«, murmelt ein Mann am Geländer. »Das dritte Viertel wird die Entscheidung bringen.«

Und die Colts sind bereit. Die großen Körper der Newporter beginnen zu schwächeln: Sie ermüden, sie werden langsamer, und während sie schwanken, zeigen die Colts, was in ihnen steckt. Ist das, wofür Football steht? Die reine Sache, der Sinn des Ganzen? Sie sind jetzt ein Team, im wahrsten Sinne des Wortes: Sie kennen sich, sie vertrauen einander, sie haben ein robustes und flexibles Gefüge geschaffen, und das Gefüge hält.

»Schau dir Boof an«, ruft Ambys Vater begeistert. »Er hat die Hintermannschaft voll im Griff! Er kann das Spiel wirklich lesen. Er sieht, wie der Ball hereinkommt, er sagt voraus, wo er landen wird, er ist für ihn bereit und verwandelt ihn in einen Angriff! Und Silas in der Stürmerreihe – er ist der Leuchtturm! Er ist genau das, was wir gebraucht haben! Er schießt ein Tor nach dem anderen! Und alle sind aus gefangenen Bällen entstanden, aus großartigen, umkämpften Fängen!«

Nach drei Vierteln liegen wir mit 62:40 vorne. Die Colts laufen herum und blinzeln in die helle Sonne: Sie sind komplett aufgedreht. Die Warnsirene ertönt, und sie drängen sich um Archie. »Wir haben noch zwanzig Minuten unserer Saison vor uns, Jungs, und es kommt jetzt darauf an: Jeder Einzelne von euch muss mit ihrer Physis mithalten. Und wenn wir rennen, dann rennen wir! Wir rennen in Wellen!«

Sie verstummen für Boof: »Lasst uns nichts in Reserve behalten. Lasst es sie hören.« Seine kolossale Stimme aus der Tiefe der Gruppe: »COLTS – AUF – DREI.« Die Jungen antworten im Stakkato: »Eins, zwei, drei COLTS!«

Newport ist bei der Sache. Sie kämpfen weiter. Wir haben im letzten Viertel noch kein Tor geschossen. Sie erzielen zwei Tore und zwei Extrapunkte, liegen aber immer noch zurück. Amby setzt sich in einem harten Zweikampf durch, schießt hoch, aber zu weit: neeeein! Der Ball fliegt über die Begrenzung und stürzt in Richtung der Colts-Menge. Die Mädchen schreien und kreischen, und Ambys Bruder bleibt mit einem ironischen Lächeln stehen und fängt ihn geschickt auf seiner Brust auf, wie ein Frosch, der eine Fliege verschluckt. Müssen wir lachen oder weinen? Silas schießt unser letztes Tor, sein fünftes in diesem Spiel. 68:54. Jetzt können sie uns nicht mehr schlagen. Liam springt von der Bank auf und fordert den Ball, aber Amby rennt mit dem Ball am Flügel entlang, prellt und prellt. Sein Schuss, der letzte des Spiels, geht daneben und fliegt über das Tor, aber das ist egal, denn die Schlusssirene ertönt und die Colts haben gewonnen.

Gewonnen!

Sind Meister.

Archie geht auf das Spielfeld, kreidebleich. Er dreht den schreienden Fans den Rücken zu, aber ich kann die Tränen auf seinen Wangen sehen. Menschen weinen oder tun so, als würden sie nicht weinen, umarmen sich heftig. Wir lachen wie verrückt, krümmen uns, als hätten wir Schmerzen.

Die Teams mischen sich auf dem Feld, geben sich High-Fives, schütteln sich die Hände; die Kapitäne und Trainer sprechen ihre anerkennenden Worte. Die ganze wimmelnde Menge strömt zum Spielfeldrand am Fluss. Ein großer Kreis von Zuschauern bildet sich um die beiden Spielerreihen. Ich bin eingequetscht hinter großen Menschen, ich schlängle mich durch.

Reden werden gehalten, aber ich bin zu benommen und taub, um sie zu hören. Der Jubel. Das Ritual der Siegerehrung: Jeder Junge wird einzeln nach vorne gerufen, um einem lächelnden Funktionär die Hand zu schütteln, den Kopf zu neigen und sich eine Medaille an einem hellblauen Band um den Hals hängen zu lassen. Aber ein Spieler des unterlegenen Teams wendet sich vom Funktionär ab, greift sich an den Nacken, zieht sich das Band über den Kopf, zerdrückt es in einer Hand und geht mit hängender Hand, Medaille und Band versteckt in der Faust zurück zu seinem Platz in der Reihe. Ein anderer tut dasselbe, und noch einer, und noch einer, fast alle. »Sie müssen wirklich davon überzeugt gewesen sein, dass sie gewinnen würden«, flüstert ein Colts-Vater neben mir. »Sie müssen gedacht haben, dass sie es verdient haben, zu gewinnen.« Ich bin schockiert über die stille Welle der Empathie, die mich angesichts ihrer Geste überkommt, die ich noch nie zuvor gesehen habe – was ist das? Ist das »unsportlich«, wütend und verbittert? Oder ist es würdevoll, ein Zeichen von Demut, Akzeptierung des Schicksals? Oh, es ist so unerträglich qualvoll, wenn man dazu beglückwünscht wird, nicht gewonnen zu haben.

Aber der blank polierte silberne Becher mit zwei Henkeln, den Remy und Jake in die Höhe halten, leuchtet in der späten Nachmittagssonne und glänzt.

Als wäre ein Bann gebrochen, lösen sich die Mannschaft aus Newport und ihre Fans in Luft auf. Sie lösen sich auf, sie sind weg. Auch die Colts-Anhängerschaft löst sich auf, aber widerwilliger: Niemand will den Ort verlassen, an dem es sich zugetragen hat.

Unsere Jungs, diese Krieger, kommen mit ihren Taschen voller Ausrüstung aus den Kabinen. Ihre Familien können es kaum erwarten, sie in die Arme zu schließen; aber selbst in ihrer Straßenkleidung, wieder in normaler Größe, sind sie verwandelt: Sie strahlen ein solches Charisma aus, eine solche gerötete, wortlose, ungläubige Ekstase, dass wir Normalsterblichen es kaum wagen, sie zu berühren.

Kleine Kinder sind jetzt auf dem Spielfeld, schreien und purzeln und rennen herum. Jeder möchte Archie umarmen. Sein älterer Bruder und seine beiden jüngeren Schwestern, die auf ihn warten, kicken gemeinsam auf dem Oval; er möchte unbedingt rausgehen und sich ihnen anschließen. »Nehmt mich mit!«, ruft er. »Nehmt mich mit!«

Angus steht allein, direkt innerhalb der Markierung. Ich riskiere es: »Angus. Gut gemacht, mein Lieber. Herzlichen Glückwunsch.«

Er kommt aus seiner Träumerei, schaut von seinen 1,88 m auf mich herab und nimmt sanft meine Hand. »Du warst dabei, oder? Von Anfang an. Ich wollte schon lange mit dir reden. Ich möchte, dass du Ambrose von mir sagst, dass er mit dem Fußball weitermachen soll. Er hat heute ein tolles Spiel gemacht. Er wird es weit bringen.«

Als fast alle anderen gegangen sind, sitzt ein Junge mit einer Mütze aus dichten dunklen Locken allein auf der untersten Stufe der Tribüne, beugt sich vor, die Ellbogen auf die Oberschenkel gepresst, und blickt über den kurz gemähten Rasen. Ambys Mutter und ich nähern uns ihm ehrfürchtig.

»Boof. Gott sei Dank bist du zurückgekommen. Wir verneigen uns vor dir.«

Er schaut auf, zu erschöpft, um zu sprechen, und reicht uns langsam und förmlich die Hand.

In etwa einer Woche wird es im Rasenbowling-Club unseres Vororts mit allen gebührenden Zeremonien Auszeichnungen und Preisverleihungen geben. Pullover wird man mit dicken Filzstiften signieren, der Überschuss aus der »Bring Boof Home«-GoFund-Me-Kampagne wird ausbezahlt, damit die Jungs ihre Pullover zur Erinnerung an ihre Leistung behalten können, anstatt sie dem Club zurückzugeben. Archie wird eine witzige, liebevolle Rede halten, in der er jeden im Team nacheinander beschreibt und ehrt. Aber heute Abend wird es ausgelassene Feiern geben, Bier in irgendeinem Hinterhof, übermütige SMS und Telefonate, Singen und Schreien und Lachen und Entschuldigungen gegenüber Passanten auf den Straßen des Vororts und in den Pizza- und Dönerläden. Remy wird eine Zigarre rauchen.

Und plötzlich, auf halber Höhe des steilen Grashangs zwischen dem Oval und den geparkten Autos, als ich Amby in seiner stillen Glückseligkeit folge und langsam hinter dem Rest meiner Familie herstapfe wie die alte Frau, die ich nun einmal bin, die innehalten muss, um zu Atem zu kommen, die nach jedem Ast greift, um sich dran festzuhalten – plötzlich erinnere ich mich an meinen Traum, den ich in der Nacht vor dem Distrikt-Finale hatte, der Traum, den ich aus Aberglauben verschwiegen, nie jemandem erzählt und mich gezwungen hatte zu vergessen: die Colts in einer Triumphparade, angeführt von den Kapitänen, die in Keilformation bei Einbruch der Dunkelheit die Champs-Élysées entlang marschieren, alle groß, robust und prächtig, das Kinn hoch, die Schultern zurück, die Arme frei schwingend – und hinter ihnen ein Himmel, der in Flammen steht, mit leuchtenden, sich windenden Strahlenbündeln aus Licht.

Glossar einiger Begriffe aus dem Australian Football

Bump: Kontakt zwischen Spielern unter Einsatz der Hüfte und/oder der Schulter

Mark: Abfangen eines zuvor von einem anderen Spieler gekickten Balls, bevor dieser den Boden berührt oder von einem anderen Spieler berührt wird (und nachdem der Ball vorher mindestens 15 Meter zurückgelegt hat). Dadurch erhält der Fänger einen Freistoß.

Speccy (Spectacular mark): Ein besonders hoher Mark, meist springt dazu der Fänger auf den Rücken oder die Schultern eines anderen Spielers.

Ruck (Ruckman): Einer der wichtigsten, meist besonders großer Spieler, dessen Hauptaufgabe im Abfangen von Einwürfen besteht, auch den Startwurf des Schiedsrichters. Dies ist nur einem zuvor nominierten Ruck erlaubt.

Tagger: Verteidiger im Mittelfeld

Torp (Torpedo): Ein Schuss, der den Ball entlang seiner Längsachse rotieren lässt; erreicht im Verhältnis die größte Distanz, hat aber die geringste Genauigkeit.